La détermination

Comment persévérer
quand tu es prêt à renoncer

par Martin Meadows

Inscris-toi à ma newsletter

J'aimerais rester en contact avec toi. Inscris-toi à ma newsletter et reçois mes nouvelles publications, des articles gratuits, des cadeaux et autres e-mails importants de ma part.

Inscris-toi en visitant le lien ci-dessous :

http://www.profoundselfimprovement.com/frnews

Table des matières

Prologue

Si tu consultes les entrevues réalisées avec quelques-unes des personnes qui ont le mieux réussi sur terre, tu y trouveras un conseil partagé par pratiquement toutes : elles ne renoncent jamais à leurs objectifs.

Des recherches montrent que la détermination est un bien meilleur facteur de prédiction pour la réussite que tout autre facteur[1]. La capacité à persévérer malgré les échecs est plus importante que ton QI, ta personnalité ou d'autres facteurs externes, comme ton éducation ou ton environnement.

Mais que signifie vraiment « ne jamais abandonner » ? Précisément, qu'est-ce que la détermination ? Comment persévères-tu face à des difficultés plus grandes que la vie elle-même ? Comment persévères-tu lorsque tu es au bord de l'épuisement et que ton travail acharné n'a pas encore payé ?

J'ai écrit ce livre pour explorer le sujet de la détermination d'un point de vue plus scientifique que les récits de développement personnel habituels. Je veux te faire partager le savoir-faire des meilleurs d'entre nous et de la science pour respecter tes objectifs, et non pas de conseil de motivation vague qui prétend que nous avons une force illimitée une fois que nous sommes suffisamment motivés.

En en faisant l'objectif de ce livre, je suppose que tu as déjà une motivation puissante pour travailler sur tes objectifs mais que tu es proche de l'abandon. Ensemble, nous allons explorer la manière de surmonter des obstacles et de rester fort sans même connaitre le goût de la récompense.

J'ajouterai aux conseils scientifiques mon expérience personnelle dans divers domaines tels que la condition physique, les affaires et l'apprentissage de nouvelles compétences. Grâce à ma détermination, j'ai pu perdre plus de 13 kilos en 12 semaines (et non, je ne les ai jamais repris), créer plusieurs entreprises, apprendre deux langues étrangères et vaincre une timidité paralysante.

Nous allons commencer en nous posant la question la plus importante (rien d'autre n'a d'importance si ta réponse à cette question est « non »), puis continuer avec sept chapitres consacrés à divers aspects de la détermination. Dans le dernier chapitre, je te livrerai les conseils de six autres auteurs en développement personnel afin de te proposer des perspectives différentes.

Lorsque tu auras terminé ce livre, tu disposeras de tout un tas de conseils et d'astuces pour persévérer quand tu voudras renoncer. Tu comprendras quels comportements menacent tes objectifs et ceux qui t'aident à les atteindre.

Enfin et surtout, tu seras prêt à relever les défis qui frustrent grand nombre de personnes.

Chapitre 1 : Devrais-tu persévérer ?

La détermination ne t'apportera rien si tu ne choisis pas l'objectif approprié.

Une détermination aveugle peut parfois t'empêcher d'atteindre tes objectifs. Le célèbre auteur de bestseller Seth Godin, souligne dans son livre *The Dip : The Extraordinary Benefits of Knowing When to Quit (and When to Stick)*[2], que si tu ne fais pas de ton mieux, tu ferais aussi bien d'arrêter.

Par conséquent, la question la plus importante que tu devrais te poser avant même de commencer à apprendre à persévérer, c'est : « Devrais-je persévérer ou devrais-je renoncer ? » Si tu souhaites trouver la bonne réponse à cette question, nous devons d'abord explorer un peu plus le concept de « dip » (creux de la vague).

Comprendre le Dip

Le graphique ci-dessous illustre le concept de Dip :

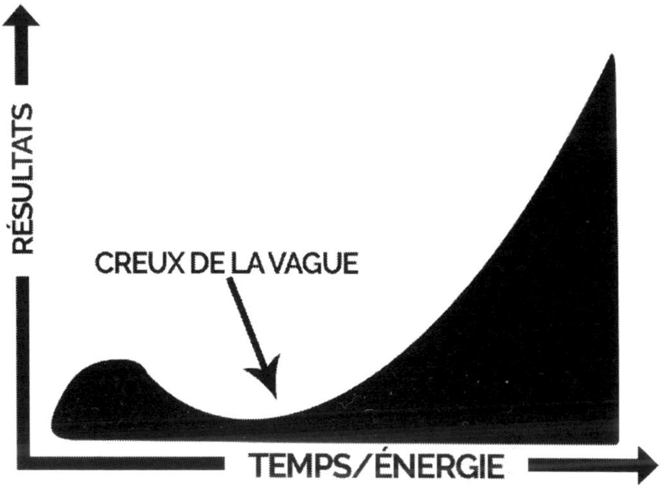

Lorsque tu débutes, tu connais une période de croissance rapide sur un court-terme. Tu perds tes premiers kilos, tu fais ta première vente, tu dis ta première phrase dans une langue étrangère ou tu conduis ton premier kilomètre à moto.

Après la période de gratification initiale, les choses se compliquent : tu ne t'améliores plus aussi rapidement, voire pire, tu te sens bloqué, incapable de surmonter les obstacles.

Dans son livre, Seth Godin dit que si quelque chose en vaut la peine, on rencontrera probablement ce creux. Le creux crée une pénurie qui, à son tour, conduit à une valeur exceptionnelle possédée par les quelques personnes qui l'endurent.

Plus tu résistes au creux, plus tu te rapproches du succès. Malheureusement, la plupart des gens qui se sont retrouvés dans le creux renoncent avant qu'ils ne puissent en sortir.

Dans certains cas, c'est la meilleure des décisions afin d'investir le temps et les efforts dans un projet plus sûr. Dans d'autres cas, tous les progrès réalisés sont perdus.

Comment décider si tu dois renoncer ou persévérer ? Il y a plusieurs questions à se poser.

Quand devrais-tu renoncer ?

Renoncer quand tu es dans le creux semble le plus souvent être une mauvaise idée (après tout, tu as déjà consacré beaucoup de temps et d'efforts à faire quelque chose). Cependant, nous, les humains, n'agissons pas aussi rationnellement que nous le pensons. La détermination n'est pas toujours la réponse à tous tes problèmes.

Avant de sauter ce chapitre en te disant que tu ne devrais *sûrement* pas renoncer, prend en compte l'idée fausse des coûts irrécupérables. Si tu crois en une philosophie « anti-gaspillage » (comme le font la plupart des adultes), tu es affecté par ce biais (mais, comme l'indiquent des études, les enfants ne le sont pas[3]).

Admettons que tu vas à l'université, mais qu'un an plus tard, tu n'es plus motivé à continuer. La décision de renoncer serait plus logique que de te forcer à faire une chose pour laquelle tu n'as plus d'enthousiasme. Irrationnellement, la plupart des gens considéreraient l'année consacrée aux études comme un investissement trop important à gaspiller, bien que rester à l'université entraînerait encore plus de pertes.

Par conséquent, la première question que tu devrais te poser est de savoir si tu veux continuer simplement à cause de ce que tu as déjà investi. Si c'est ta motivation principale (ou pire, la seule), tu ferais probablement mieux de renoncer tout de suite.

Seth Godin débat le fait que si tu n'es pas suffisamment investi pour devenir le meilleur dans ce que tu souhaites faire, tu ferais mieux de renoncer. Si tu te contentes de la médiocrité, la décision de renoncer te profitera plus que d’essayer d'être simplement « correct » à quelque chose.

L'auteur de bestseller et multimillionnaire Richard Koch, souligne dans son livre *Living the 80/20 Way*[4], que la clé du succès est de limiter ton attention aux choses qui reflètent ton individualité. Tu ne peux pas être le meilleur dans tous les domaines, et la persévérance paie les plus grands dividendes lorsque tu te concentres sur ce que tu sais faire de mieux.

L'approche de Koch et Godin est valable pour les personnes qui veulent atteindre de grands objectifs professionnels. Cependant, cela ne s'applique pas nécessairement à des objectifs plus petits, comme l'apprentissage d'une langue étrangère ou celui d'une compétence secondaire où l'objectif n'est pas de devenir un as de classe internationale.

Avant de renoncer parce que tu te rends compte que tu ne peux pas être le meilleur dans ce que tu souhaites atteindre, demande-toi pourquoi tu le fais. Peut-être que tu ne parleras jamais couramment espagnol, mais tes compétences de base en communication te suffiront pour voyager dans des pays hispanophones. Par contre, si ton objectif est de devenir chirurgien mais que tu n'es pas assez motivé pour devenir le meilleur, rends-toi service (ainsi qu'aux autres) et renonce dès à présent.

La dernière chose à considérer pour prendre la décision de persévérer ou de renoncer est de te demander si tu as encore de l'enthousiasme ; tant pour le processus que pour l'objectif.

Il existe une différence entre le découragement temporaire (ce qui arrive à la plupart, voire à toutes les personnes qui réussissent) et le manque d'enthousiasme à long terme et la perte de la vision globale. Si ta vision ne te motive plus (et ce n'est pas le résultat de tes problèmes actuels, mais quelque chose d'autre), la décision de renoncer est sûrement plus bénéfique que celle de persévérer.

Quelques situations où j'ai renoncé… et fait le bon choix

Pour t'aider à mieux comprendre comment renoncer stratégiquement, je vais partager avec toi plusieurs situations que j'ai vécues personnellement.

Alors que plusieurs personnes qui réussissent et que j'admire sont capables de programmer, j'ai pensé que cela pourrait être une compétence utile à développer. Je me suis inscrit à un cours et j'ai passé plusieurs jours à apprendre des bases de la programmation. Ce qui était amusant au début s'est vite transformé en quelque chose d'extrêmement confus et frustrant.

J'ai abandonné quelques jours plus tard lorsque j'ai réalisé que je n'avais jamais été calé en technologie et que mes points forts se situaient ailleurs. Si j'avais su alors ce que je sais maintenant, je n'aurais même pas commencé ; je n'avais aucune chance d'aller au-delà de la médiocrité. En fait, c'était extrêmement improbable que je comprenne les bases même de la programmation, car ce n'est pas mon expertise, ni mes compétences ou mes intérêts, et le projet était voué à l'échec.

L'objectif final et réaliste en tant que programmeur correct ne me satisfaisait pas ; renoncer était un meilleur choix.

Un autre exemple lié à la programmation était mon idée de diriger une entreprise dépendant d'un logiciel. Cela avait bien démarré, et même si l'idée avait beaucoup de potentiel, je ne trouvais pas assez d'enthousiasme pour continuer. C'est difficile de développer une entreprise si tu n'es pas motivé à assurer de la qualité à tes clients.

Plusieurs personnes me disaient que je devais continuer car j'avais déjà consacré beaucoup d'argent et de temps à ce projet, mais j'ai décidé de ne pas les écouter et j'ai renoncé. J'ai libéré du temps et de l'énergie pour me concentrer sur un projet complètement différent, qui s'est avéré bien mieux correspondre à mes points forts.

C'était une très bonne décision.

Chaque auteur te dira que la partie la plus difficile quand on écrit un livre est le milieu de l'histoire : c'est à ce moment que la plupart des écrivains bloquent et que certains d'entre eux abandonnent définitivement.

J'ai également renoncé à plusieurs de mes histoires, mais j'ai aussi dépassé cette phase dans plusieurs de mes livres. La différence était l'histoire et les personnages ; le « pourquoi » du livre.

Si je savais où l'histoire menait et si j'aimais mes personnages, je pouvais aller au-delà de la partie la plus difficile de l'écriture, celle où tu te tapes la tête contre les murs par frustration. Si je n'avais pas la vision globale à l'esprit, je pensais qu'il valait mieux renoncer. Si je n'étais pas assez enthousiaste pour continuer à écrire le livre, aucun lecteur ne le serait non plus pour le lire.

DEVRAIS-TU PERSÉVÉRER ?

RÉCAPITULATIF

1. Le creux est le moment où tu reçois peu de récompense et manques de motivation pour persévérer. Plus tu persévères pendant cette phase, plus tu es proche de la réussite. Tout le monde connait un creux en travaillant sur un projet qui en vaut la peine et il n'y a pas d'autre issue.

2. La fausse idée des coûts irrécupérables peut te faire persévérer alors qu'il serait préférable de renoncer. Si tu te tiens à tes objectifs uniquement pour ne pas perdre ce que tu as déjà investi, tu ferais mieux de renoncer.

3. Si tu n'es pas prêt à faire de ton mieux mais que tu attends des résultats extraordinaires, renonce maintenant. Travailler à devenir médiocre est une perte de temps alors que tu pourrais développer quelque chose que tu sais faire.

4. Si la passion pour ton objectif n'est plus là, renonce. Il ne faut cependant pas confondre le découragement temporaire avec le manque d'enthousiasme. Si tu as travaillé sur tes objectifs

pendant plusieurs semaines avec peu voire pas de plaisir, alors ce n'est peut-être plus l'objectif qui te correspond.

Chapitre 2 : Les habitudes, la clé de la persévérance

Tu peux accomplir beaucoup dans ta vie uniquement avec de la persévérance, mais il est toujours mieux de pouvoir compter sur d'autres appuis. Lorsque tu es soutenu par des habitudes quotidiennes qui nécessitent peu ou pas d'efforts, tu libères une grande volonté qui peut être investie dans d'autres domaines de ta vie.

Pourquoi les habitudes sont-elles si importantes et comment les introduire dans ta vie pour persévérer, quelles que soient les circonstances ? C'est ce que nous allons explorer dans ce chapitre.

Ce que tu peux apprendre des premières personnes qui ont atteint le pôle Sud

En 1911, deux équipes d'explorateurs sont parties pour atteindre le pôle Sud. L'une des équipes était dirigée par Roald Amundsen, qui fixa un objectif constant pour son équipe. L'autre équipe était dirigée par Robert Falcon Scott, qui laissa les facteurs externes et ses sentiments le mener, lui et son équipe, vers un destin tragique.

Amundsen décidait de suivre une routine simple ; chaque jour, lui et son équipe devaient faire en moyenne 15 milles marins. C'était une allure réaliste ; pas trop épuisante, mais pas trop facile non plus. Peu importe la météo (sauf les conditions extrêmes), lui et son équipe ne réalisaient ni plus ni moins de 15 à 20 milles marins. Le reste du temps, ils se reposaient dans leurs sacs de couchage.

Scott, de son côté, conduisait son équipe à l'épuisement quand le temps était au beau fixe et ne quittait pas sa tente quand il faisait mauvais. Il pensait que les efforts ne comptaient pas tant que l'on n'était pas complètement éprouvé.

Amundsen et son équipe ont été les premiers à atteindre le pôle Sud, et sont revenus quelques mois plus tard, en vie. Scott et son équipe, sans force pour un voyage retour beaucoup plus ardu, sont morts.

Il ne fait aucun doute que les deux hommes étaient déterminés. Ce n'était pas un exploit facile – et ce ne l'est toujours pas – d'atteindre le pôle Sud à pied. Pourtant, c'est Amundsen qui a réussi grâce à la détermination stratégique et à un bon repos, non en repoussant ses limites et celles de son équipe.

Quand j'écris un livre, j'ai une habitude simple ; peu importe ce qui se passe, je dois écrire 3000 mots par jour. Même si je n'accomplis rien d'autre pendant la journée, je considère que c'est une journée de travail productive et je suis satisfait de ce que j'ai accompli.

Je ne passe pas des heures à me demander si je veux écrire ou non. Comme se brosser les dents, écrire 3000 mots par jour fait partie intégrante de ma routine quotidienne. Je ne fais jamais d'exception ou n'écris moins, à moins que je n'atteigne les derniers mots du livre.

Je n'écris pas non plus beaucoup plus de 3000 mots, car je pourrai m'épuiser plus rapidement.

Le processus impressionnant d'écrire un livre devient beaucoup plus facile lorsqu'il est réduit en petites étapes répétées chaque jour, comme un comportement automatique.

Cette simple habitude me permet d'écrire jusqu'à dix fois plus vite que d'autres auteurs qui écrivent quand ils en ressentent l'envie. Attendre l'inspiration ne fonctionne pas pour moi. Cela ne fonctionne pas non plus pour Stephen King, qui a écrit dans son livre *On Writing*[5], « Les amateurs s'assoient et attendent l'inspiration, le reste d'entre nous se lèvent et se mettent au travail ».

Facilite-toi en déterminant des habitudes quotidiennes

Chaque jour, tu te lèves, tu vas dans la salle de bain et tu te brosses les dents. As-tu besoin de persévérance pour continuer à le faire ? Est-ce que tu ne le fais pas lorsque tu ne te sens pas bien ?

Est-ce que tu pleurniches d'avoir à le faire tous les jours ? Le brossage de dents est l'une de tes habitudes. Nous avons tous des dizaines, voire des centaines de petites et grandes habitudes que nous répétons chaque jour sans avoir à y penser.

Quand une certaine activité devient un automatisme, tu n'as plus besoin de persévérance pour continuer à la répéter. Elle fait partie de toi et tu l'exécutes quoiqu'il arrive.

Sans s'engouffrer dans la science du développement des habitudes (je décris cela plus en détails dans mon livre *Comment développer l'autodiscipline : résiste aux tentations et atteins tes objectifs à long terme*), quand je parle de développer des habitudes, je parle de deux choses : des signaux et des récompenses.

Le signal, c'est ce qui déclenche l'action que tu vas effectuer, alors que la récompense est là pour te motiver à répéter le même comportement jusqu'à ce qu'il fasse partie de toi.

Par exemple, la première chose que je fais juste après ma toilette et mon sport quotidien, c'est écrire 3000 mots. Je commence habituellement à écrire à ma première gorgée de thé (signal). Quand j'ai fini d'écrire, je peux aller manger, lire un livre ou m'adonner à d'autres activités (récompense).

Il ne doit pas nécessairement s'agir d'une habitude qui dure plusieurs heures, mais tu dois établir des habitudes similaires pour chaque objectif que tu souhaites atteindre.

Lors de l'apprentissage d'une nouvelle langue, il peut s'agir d'apprendre 10 nouveaux mots ou écrire un e-mail à un correspondant. Quand il s'agit d'apprendre une nouvelle compétence, on peut la pratiquer pendant une heure. Lorsqu'on travaille pour produire un résultat spécifique, il peut s'agir d'un nombre de mots, d'un nombre de vidéos, de photos, etc.

Ne rompt pas la chaîne

Lorsque le célèbre humoriste américain Jerry Seinfeld était encore inconnu du public, il se motivait à écrire de nouvelles blagues tous les jours en marquant un grand X rouge sur chaque jour durant lequel il avait écrit[6]. Après plusieurs jours, il avait une petite chaîne et chaque jour la faisait grandir. Quelques semaines plus tard, il avait établi une nouvelle habitude avec une motivation simple à l'esprit ; il ne voulait pas rompre la grande chaîne sur son calendrier.

Si on n'ajoute pas un maillon de la chaîne chaque jour, cela devient facile de ne pas le faire le jour suivant. Mais en te concentrant sur l'objectif de ne pas rompre la chaîne, tu réduis le risque de commettre une erreur à première vue banale mais décisive sur la construction de ta chaîne.

Parfois, de simples méthodes comme celles-ci sont tout ce dont on a besoin pour supporter les jours les plus difficiles du creux. Même si tu travailles déjà sur ton objectif, tu peux commencer à suivre cette stratégie et mettre ton premier grand X rouge sur un calendrier.

Si tu n'as pas de calendrier, télécharge une application sur ton téléphone ou crée une simple feuille de calcul.

LES HABITUDES, LA CLÉ DE LA PERSÉVÉRANCE : RÉCAPITULATIF

1. Établis une routine quotidienne et suis-la, quelles que soient les circonstances. Résiste à la tentation de continuer plus longtemps parce que tu en as la force. Ne prends pas de pause lorsque les choses deviennent difficiles, sauf si tu te trouves dans des conditions extrêmes. Développe de la discipline pour travailler sur ton objectif tous les jours, sans exception.

2. Établis tes routines sur tes habitudes existantes. Plus ton comportement est automatisé, moins tu ressentiras de résistance et moins tu risqueras d'abandonner.

3. Même les petites actions, lorsque tu les fais tous les jours, peuvent produire de grands résultats à long terme. Ne néglige pas le pouvoir d'une action régulière.

4. Marque un grand X rouge pour chaque jour où tu respectes tes objectifs et ne brise pas la chaîne.

Chapitre 3 : Comment développer la ténacité mentale

Dans la psychologie du sport, la ténacité mentale englobe une grande variété d'attributs positifs qui aident une personne à gérer des situations difficiles et à persévérer sans perdre confiance.

Des études[7] suggèrent que la ténacité mentale peut être développée par une exposition progressive à des situations exigeantes. Cette pratique simple t'enseigne comment faire face et persévérer quand tu as envie de renoncer.

L'épuisement, c'est dans ta tête

Selon une étude menée par la physiologiste du sport et marathonienne Emma Ross, l'épuisement se trouve dans la tête[8]. Son étude sur des coureurs expérimentés a révélé que ce ne sont pas les muscles qui s'épuisent lors d'un exercice intense, mais que c'est le cerveau qui réduit la stimulation électrique des muscles sollicités.

Les scientifiques spéculent que c'est un mécanisme du cerveau qui nous empêche de nous blesser ou de faire de l'exercice au point d'en mourir. Tu peux retarder cet effet en repoussant petit à petit tes limites et en élargissant ta zone de sécurité. C'est comme amener ton cerveau un peu plus près du bord de la falaise : une fois qu'il peut regarder en bas, tu le conduis vers une falaise plus haute et tu répètes le processus.

Si tu travailles sur un objectif lié à la remise en forme et que tu es prêt à renoncer, te souvenir que ce ne sont pas tes muscles qui renoncent mais ton cerveau peut t'aider à faire une répétition supplémentaire. De petites améliorations continues conduiront à des progrès sur le long terme, afin de ne pas renoncer à tes objectifs.

Grâce à cette connaissance, j'ai bu battre mes propres records personnels plusieurs fois.

Cinq exercices pour devenir plus tenace

Une recherche menée par Richard A. Dienstbier[9] suggère qu'il existe deux façons de devenir plus tenace : la ténacité passive (exposition intermittente au stress) et la ténacité active (comme l'exercice).

L'exposition au froid

L'un des principaux moyens de devenir tenace est de t'exposer au froid. Des études[10] montrent que l'exposition au froid conduit à des pics rapides et intenses d'adrénaline.

Prendre régulièrement des douches froides ou des bains glacés te permettra de mieux résister à cette activité stressante, qui par la suite t'aidera à surmonter plus aisément d'autres événements difficiles. À noter que nager dans l'eau froide est encore plus efficace (bien que beaucoup de gens ne puissent songer à pire torture).

Si prendre une douche froide, ou pire, un bain froid est trop difficile pour toi, tu peux également alterner entre de l'eau chaude et de l'eau froide. 15 à 30 secondes d'eau froide et 15 à 30 secondes d'eau chaude est un moyen beaucoup plus facile de profiter des bienfaits de l'exposition au froid pour les personnes qui ne le supportent pas.

L'activité physique

Il a été prouvé[11] scientifiquement que l'exercice physique pouvait rendre plus tenace, qu'il s'agisse de la course à pied, d'haltérophilie, de natation, ou de tout autre type d'activité physique.

Pour profiter pleinement des bienfaits de l'activité physique, pense à repousser tes limites en toute sécurité et de façon appropriée de temps en temps. Cours plus loin que d'habitude. Soulève plus de poids. Effectue des exercices plus difficiles.

L'haltérophilie est particulièrement saine et bénéfique, non seulement car elle te rend plus tenace (surtout les exercices multi-articulaires comme les squats et les soulevés de terre), mais aussi parce qu'elle augmente ta force. Rien de mieux que de battre tes propres records pour te sentir prêt à confronter les difficultés de la vie.

Le jeûne

Le jeûne intermittent est l'une des habitudes simples les plus bénéfiques pour améliorer ta santé et te rendre plus tenace. Les avantages du jeûne sont bien documentés, même s'il y a beaucoup d'idées fausses à ce sujet[12].

Il existe différentes façons de jeûner. Certaines personnes jeûnent pendant 16 heures en sautant le petit-déjeuner. D'autres commencent leur jeûne à 18 heures et recommencent à manger 24 heures plus tard. Les personnes plus expérimentées font des périodes de jeûne qui durent plus longtemps, parfois jusqu'à quelques jours.

Commence en ne sautant qu'un ou deux repas. Le jeûne peut être désagréable au début, mais en pratiquant de plus en plus, tu remarqueras que tu ne ressentiras plus la faim de la même manière.

Le jeûne intermittent est une partie inhérente de mon mode de vie : chaque jour, je jeûne pendant au moins 16 à 20 heures, et parfois plus longtemps. Cela a changé ma relation avec la nourriture et m'a aidé à augmenter ma maîtrise de soi.

Remarque : je ne suis pas médecin et je ne prétends pas en être un dans mes livres. Parles-en avec ton médecin avant de vouloir essayer l'exposition au froid, l'exercice intense ou le jeûne.

La méditation

Des études[13] montrent que la méditation conduit à une meilleure maîtrise de soi. Même cinq minutes passées assis en silence, en essayant de te concentrer sur ta respiration, suffisent à profiter des nombreux bienfaits pour la santé de cette pratique[14].

Rester assis sans bouger semble être la suggestion la plus simple dans ce sous-chapitre, mais en essayant, la plupart des gens trouvent cela extrêmement difficile car il est compliqué de passer du temps en silence à essayer de ne se concentrer que sur le moment présent.

Je suggère vivement de méditer le matin. Tu peux associer cela à une habitude existante comme celle de te brosser les dents ; médite juste après avoir remis ta brosse à dents en place.

Fais des choses qui te mettent mal à l'aise

Une autre façon d'améliorer ta ténacité mentale est l'exposition intermittente à des situations stressantes. Il existe d'innombrables façons de se sentir mal à l'aise. Voici quelques éléments à considérer :

- parler à des étrangers,

- faire des exercices que tu détestes (rappelle-toi des pires moments en cours d'éducation physique),

- parler en public,

- faire des sports extrêmes,

- faire face à tes autres peurs (peur du noir, du vide, etc.).

COMMENT DÉVELOPPER LA TÉNACITÉ MENTALE : RÉCAPITULATIF

1. L'épuisement, c'est dans ta tête. Repousse tes limites pour apprendre à ton cerveau à ne pas paniquer sous stress. Une exposition progressive à des situations exigeantes t'aidera à atteindre cet objectif.

2. L'exposition au froid est l'une des meilleures façons d’entraîner la ténacité mentale. Essaye des douches froides ou en alternant de l'eau chaude et de l'eau froide.

3. L'activité physique, et surtout l'haltérophilie, te rendra plus tenace et plus fort. Si tu souhaites devenir encore plus tenace, l'exercice intense produira les meilleurs résultats.

4. Le jeûne est une autre manière viable d'améliorer ta ténacité mentale. Saute un repas ou jeûne pendant une journée complète et apprends à contrôler tes envies.

5. La méditation améliore la maîtrise de soi et te rend plus tenace en t'enseignant comment rester assis

sans bouger. Même cinq minutes par jour suffisent pour en bénéficier.

6. Une autre façon de construire ta ténacité mentale est de sortir de ta zone de confort en faisant des choses qui te mettent mal à l'aise. Fais face à tes peurs et fais des choses difficiles pour devenir plus tenace.

Chapitre 4 : Fournir trop d'efforts

Travailler dur est un facteur de réussite cliché qui mène les gens à trop travailler inutilement. Certaines personnes prospères dans la vie ont atteint leurs objectifs non pas grâce à un travail acharné, mais principalement parce qu'elles travaillaient *moins* que les autres et de manière plus focalisée.

Le milliardaire britannique Richard Branson est un excellent exemple pour illustrer « moins de travail et plus de réussite ».

Comme il l'a dit dans son entretien avec Inc. Magazine[15], « Au début de votre carrière, trouvez quelqu'un de mieux que vous-même pour gérer l'entreprise au quotidien. Retirez-vous, peut-être même du bâtiment, et des détails. De cette façon, vous pourrez avoir une vision globale plus large et penser à de nouveaux domaines à aborder. »

Branson suit cette approche depuis ses débuts. Comme il l'a souligné dans le même entretien, « d'une certaine manière, il est aujourd'hui plus facile pour moi de superviser quelques centaines d'entreprises que ce ne l'était lorsque je gérais une entreprise. Apprendre l'art de la délégation est absolument essentiel. »

Lorsque tu fais moins d'efforts, il est beaucoup plus facile de persévérer, car tu n'as plus à te tuer à la tâche pour n’obtenir aucune récompense et te rappeler ton objectif. Les choses se produisent plus facilement, et la récompense est aussi beaucoup plus grande.

Dans ce chapitre, nous allons explorer plusieurs concepts et techniques sur la façon de suivre la philosophie « moins, c'est plus » pour t'aider à persévérer dans les moments difficiles.

Se concentrer sur les choses vitales

Le principe 80/20, également connu sous le nom de Principe de Pareto, est l'une des lois universelles les plus pratiques qui puisse t'aider à éviter de nombreuses difficultés et à obtenir plus avec beaucoup moins de travail.

L'une des raisons les plus courantes pour lesquelles les gens renoncent est parce qu'ils se sentent débordés. Par exemple, lorsque tu commences à apprendre une nouvelle langue, tu n'es pas encore conscient du fait qu'il y a beaucoup de choses que tu ne connais pas, comme la grammaire, le vocabulaire, la prononciation et l'intonation. En psychologie, on appelle cela *l'incompétence inconsciente*.

Lorsque tu passes de cette phase à la deuxième, *l'incompétence consciente*, tu prends conscience des énormes déficits de ta connaissance. C'est au cours de ce stade que beaucoup de gens renoncent, terrifiés ou découragés par la quantité de choses qu'ils doivent apprendre.

Le principe de Pareto affirme que quelques petites choses importent plus que beaucoup de choses. La clé est de se concentrer sur seulement quelques choses cruciales et de ne pas tenir compte du reste, pour que ta tâche devienne de nouveau maniable et ce dans le moindre effort.

Lorsque tu appliques cette règle au stade de l'incompétence consciente, tu réduis le risque de renoncer.

Dans le cas de l'apprentissage des langues, c'est habituellement la capacité de communiquer avec des locuteurs natifs ; les phrases basiques et les expressions sont beaucoup plus importantes qu'une grammaire appropriée ou une intonation correcte. Dans le cas du développement d'une entreprise, il s'agit d'abord d'obtenir ton premier client, puis le prochain, etc., pour t'occuper plus tard des tâches commerciales plus complexes.

Dans le cas de l'exercice physique, tu n'as que quelques mouvements de base à apprendre (squat, soulever de terre, développé couché, développé militaire, chin-up). Tous les autres exercices ne sont pas nécessaires pour la plupart des apprentis.

Tu dois décomposer chacun de tes objectifs de manière similaire et ne pas laisser la complexité freiner tes progrès.

Ignore l'effort, mets l'accent sur les résultats

Le mythe du travail acharné a inculqué chez beaucoup de gens la croyance perverse que seul l'effort compte, et non pas les résultats. Pour une raison étrange, une personne « travailleuse » qui passe 12 heures au travail est un meilleur employé que quelqu'un qui travaille pendant deux heures, mais génère plus de résultats.

La société glorifie l'occupation et le combat au lieu de l'efficacité et de l'intelligence.

Tu peux observer le même phénomène lorsque les gens travaillent sur leurs objectifs. : perdre du poids est associé à la faim, faire du sport est associé à des heures d'entraînement extrêmement intensif, et le développement d'une entreprise est associé à 4 heures de sommeil par nuit et à travailler les 20 autres heures de la journée.

Il n'est pas étonnant que les personnes qui se concentrent sur l'effort s'épuisent au travail et renoncent. Au lieu de te concentrer sur l'occupation et le combat, concentre-toi sur l'obtention des résultats et cherche toujours le moyen le plus simple d'atteindre tes objectifs lorsque tu les définis.

Comment cesser de fonctionner à un niveau sous-optimal

Nous savons tous combien le stress est dangereux pour notre santé. Pourtant, lorsque les gens pensent à la réussite, ils visualisent un travail extrêmement difficile, stressant et destructeur pour le corps.

Des études suggèrent que c'est le manque de persévération qui aide les gens à fonctionner à un niveau optimal.

En fait, prendre une pause peut t'aider à devenir plus productif et à prévenir l'épuisement professionnel.

Dans une étude menée auprès de 87 ouvriers en Israël,[16] les chercheurs ont découvert que, possiblement sans surprise, les vacances atténuaient le stress et l'épuisement professionnel perçus. Le déclin de l'épuisement professionnel a par ailleurs duré quatre semaines après ces congés. Une pause peut alors augmenter tes performances pendant un mois entier.

Une étude menée sur onze étudiants en bonne santé de l'équipe masculine de basket-ball de l'Université de Stanford[17] a révélé que l'augmentation du temps de sommeil total conduit à une amélioration de l'humeur et de la vigueur et à moins d'épuisement, tous les éléments clés de la persévérance. Davantage de sommeil a également augmenté la performance athlétique et le temps de réaction.

Tu doutes toujours que travailler moins au lieu de repousser tes limites peut t'aider à persévérer ? Fais une petite expérience. Pendant une semaine, note ton niveau d'implication envers tes objectifs (une simple échelle de 1 à 10 devrait suffire) et maintiens tes habitudes de sommeil actuelles. Puis, la semaine suivante, dors une heure de plus ou fais une courte sieste en journée et note à nouveau ton niveau d'implication. Une faible énergie contribue à beaucoup de pensées négatives et de découragement.

Dans une étude australienne[18] sur des étudiants en période d'examens, le stress a conduit à une détérioration de l'alimentation et du sommeil. Les étudiants ont été en difficulté pour contrôler leurs émotions, ont fait moins d'exercice et moins attention aux tâches ménagères et à leurs habitudes d'hygiène.

Ils se souciaient également moins des engagements et des dépenses. À quel point serais-tu prêt à renoncer si tu avais cessé de t'occuper de tes simples habitudes d'hygiène ?

Si tu ne peux pas te permettre de dormir plus longtemps la nuit, pense à faire une courte sieste pendant la journée. Une étude sur 28 aiguilleurs du ciel en Nouvelle-Zélande[19] suggère que faire une sieste de 40 minutes au travail, bien qu'elle soit courte et de mauvaise qualité, augmente la vigilance et la performance.

Malgré une preuve accablante que le sommeil et le repos augmentent les performances et la volonté, trop de personnes croient toujours que plus, c'est mieux. Pourtant, même les meilleurs exécutants démontrent le contraire.

Le professeur K. Anders Ericsson et ses collègues de l'Université de l'État de Floride ont étudié les meilleurs musiciens, athlètes, acteurs et joueurs d'échecs[20]. Les scientifiques ont découvert que les artistes d'élite font généralement des séances de pratique très focalisées qui ne durent pas plus de 90 minutes. En outre, ils travaillent rarement pendant plus de quatre heures et demi par jour.

Comme dit le Dr Ericsson, « pour maximiser les gains liés à une longue pratique, il faut éviter l'épuisement et limiter la pratique à une durée dont on peut se remettre complètement sur une base quotidienne ou hebdomadaire ».

Toutes les preuves présentées dans ces études suggèrent que la détermination ne consiste pas à repousser tes limites. Tout comme Amundsen n'a pas poussé son équipe plus loin, même si elle pouvait continuer plus longtemps, tu devrais travailler moins et prendre régulièrement des pauses pour refaire le plein d'énergie.

FOURNIR TROP D'EFFORTS : RÉCAPITULATIF

1. Le principe de Pareto affirme que la majorité des résultats provient d'une petite partie des efforts globaux. Les gens qui n'approchent pas leurs objectifs avec ce principe à l'esprit sont plus susceptibles de devenir submergés et de renoncer. Lorsque tu te concentres sur l'essence de ce que tu veux atteindre, tu réduis le risque de renoncer.

2. Concentre-toi sur les résultats plutôt que sur les efforts. Lutter dans le but de lutter mène à l'épuisement et à la renonciation.

3. Le stress et le manque de repos te conduiront à l'épuisement. Assure-toi de faire une pause de temps en temps et de cesser de penser à tes objectifs.

4. Les meilleurs exécutants reconnaissent le pouvoir d'un bon repos et de l'efficacité. Si les élites parmi les athlètes, les musiciens, les acteurs et les joueurs d'échecs peuvent réussir à pratiquer seulement quatre heures et demi par jour, tu le peux aussi.

Chapitre 5 : Comment tu t'auto-sabotes et comment y remédier

Même si tu te considères comme une personne relativement déterminée, tu as probablement déjà saboté des projets plusieurs fois. L'auto-sabotage se présente sous toutes les formes et toutes les tailles, mais le plus souvent, cela commence par rationaliser pourquoi tu devrais renoncer alors que tu ne le devrais pas.

Dans ce chapitre, nous allons explorer certains comportements d'auto-sabotage courants. Tu apprendras également à faire face à des convictions limitantes qui menacent tes objectifs, parfois même sans que tu en sois conscient.

5 manières communes de te conduire à l'auto-sabotage

Il y a plusieurs raisons pour lesquelles nous nous auto-sabotons, mais il y a cinq raisons principales pour lesquelles cela se produit.

Le biais de statu quo

Lorsque tu préfères l'état actuel des choses, tu perçois tout changement au statu quo comme une perte[21], conduisant à une forte résistance au changement. Même si tu veux atteindre tes objectifs, tu ne peux pas t'empêcher de ressentir une certaine perte. Par conséquent, tu t'auto-sabotes et tu renonces pour revenir à l'état précédant des choses.

Par exemple, les personnes qui veulent perdre du poids perçoivent peut-être les changements dans leur alimentation comme une perte, même si manger de la nourriture malsaine ne leur rend pas service.

Il existe deux façons de traiter le biais de statu quo en ce qui concerne le renoncement :

1. Rappelle-toi tes objectifs et demande-toi si le statu quo sert ces objectifs. Disons que tu veuilles commencer à te réveiller plus tôt pour devenir plus

productif. Après quelques jours, tu ressens la perte de la liberté de ne plus pouvoir te coucher tard. Mais est-ce que te coucher tard sert ton objectif qui est de devenir plus productif ?

2. Demande-toi si tu choisirais le statu quo s'il ne s'agissait pas déjà de l'état actuel des choses. Si tu pouvais choisir entre te réveiller tôt et te coucher tard, est-ce que tu considérerais que de te coucher tard est l'état optimal des choses ?

Lorsque tu prends conscience que tu renonces par manque de l'état précédent des choses, pose-toi les questions mentionnées ci-dessus. En raison de l'aversion envers la perte[22], les gens ne l'acceptent pas et préfèrent fortement l'éviter plutôt que d'acquérir des gains.

En fait, les études suggèrent que les pertes sont deux fois plus douloureuses que les gains ne font du bien[23]. Par conséquent, si tu souhaites te fixer des objectifs efficaces, la récompense que tu obtiendras de ceux-ci doit être au moins deux fois supérieure que le sentiment de perte que tu rencontreras en raison des sacrifices que tu devras faire.

Le biais cognitif

Des recherches montrent[24] que les gens qui surestiment leur capacité à contrôler les impulsions comme la faim, les envies de drogue et l'excitation sexuelle, sont plus enclins à s'exposer aux tentations.

Tu risques de t'auto-saboter par le biais cognitif en croyant que tu sais maîtriser tes impulsions.

Lorsque tu suis un régime alimentaire, tu pourrais être tenté de prendre un ou deux jours de répit simplement parce que tu penses que tu peux te maîtriser. À moins qu'il s'agisse d'un cheat day programmé, ta décision te conduira sûrement à l'arrêt permanent de ton régime alimentaire.

Si tu souhaites écrire un livre et que tu définis l'objectif d'écrire 1000 mots par jour, le biais cognitif peut t'amener à sauter plusieurs jours d'écriture parce que tu crois que tu peux toujours revenir à ta routine. Le résultat est prévisible : deux semaines passent, et ta routine n'existe plus.

Il est préférable de sous-estimer le pouvoir de la maîtrise de soi plutôt que le surestimer. Ne t'expose pas aux tentations si tu n'as pas à le faire.

L'ennui

Chaque fois que tu essayes quelque chose de nouveau, la dopamine délivrée (entre autres, responsable de ton centre de récompense) te fait te sentir bien. Elle se développe grâce à la nouveauté et la variation[25]. Les publicités se nourrissent de ce phénomène, te promettant une nouvelle expérience, un goût différent, un produit amélioré, etc.

Dès que quelque chose devient ennuyeux, tu peux être tenté de renoncer et de chercher quelque chose de nouveau. C'est un modèle extrêmement courant chez les entrepreneurs à la recherche de l'entreprise parfaite : au lieu de se concentrer sur une seule entreprise, alimentés par leur besoin de changement et de nouveauté, ils passent d'une idée à une autre et la dopamine entre en action.

Cependant, la dopamine n'est ni un bien ni un mal pour toi, car elle peut te servir tout comme elle peut te nuire. Tu peux bénéficier des sensations de bien-être qu'elle provoque en introduisant un certain changement et une nouveauté lorsque tu travailles sur tes objectifs.

Disons que tu as l'intention de perdre 10 kilos et que tu es au bord de l'abandon parce que ton alimentation est fade et tes exercices ennuyeux. Pourquoi ne pas essayer de nouveaux aliments sains que tu n'as encore jamais mangés ? Pourquoi ne pas utiliser des épices exotiques pour apporter des variations ? Pourquoi ne pas essayer un sport différent ou mélanger tes exercices d'entraînement ?

Lorsque tu trouves quelque chose qui fonctionne pour toi, respecte-le et fais tout ce qui est en ton pouvoir pour qu’il reste intéressant. Si cela devient trop ennuyeux, le risque d'auto-sabotage augmentera chaque jour.

Se sentir indigne

Une faible estime de soi peut te pousser à croire que tu ne mérites pas de réussir. Même si les choses se déroulent bien, tu t’auto-sabotes à cause de la fausse conviction que tu ne mérites pas d'atteindre ton objectif.

Construire l'estime de soi commence par la conscience de soi et l'autosurveillance. Lorsque tu commenceras à surveiller ta critique interne et à remplacer les pensées négatives par des pensées positives, tu pourras faire taire ta voix autocritique.

Faire une liste de tes attributs positifs est une autre technique utile pour améliorer ton estime de soi. La clé est d'être honnête et d'écrire la liste sans aucun jugement. Une fois qu'elle est prête, relis-la tous les jours jusqu'à ce que tu sois convaincu que tu n'es pas aussi inutile que tu le penses.

Une autre méthode utile est de devenir plus bienveillant envers les autres. Lorsque tu traites bien les autres, ils te renvoient cette image bienveillante de toi-même, ce qui te fais te sentir mieux.

Dans les cas plus extrêmes, comme la faible estime de soi causée par la violence domestique, une consultation avec un psychologue est la première étape vers la guérison. Encore une fois, je ne suis pas médecin.

La peur de l'inconnu

Même lorsque tu es vraiment déterminé à atteindre tes objectifs, parfois tu t'auto-sabotes juste parce que tu as trop peur de ce qui se passera lorsque tu les atteindras. C'est un blocage psychologique qui peut t'empêcher de réussir.

L'un des moyens les plus efficaces pour surmonter la peur de l'inconnu est de parler avec des gens qui ont atteint le même objectif que le tien. Mieux tu comprendras le processus et ce que le but atteint implique, moins tu craindras d'atteindre ton objectif.

Chaque fois que tu obtiens une petite victoire, regarde en arrière et demande-toi si cela semble toujours aussi effrayant depuis que tu es de l'autre côté. Des changements progressifs te permettront de réaliser que ta vie ne changera pas radicalement du jour au lendemain.

La peur de l'inconnu est souvent liée à la peur de perdre le contrôle. Certaines personnes s'auto-sabotent quand elles pensent qu'une chose est trop belle pour être vraie, simplement pour maintenir leur conviction qu'elles la contrôlent.

Tu dois gérer ce problème en diminuant progressivement le contrôle sur les petites choses.

Plus tu t'exposeras à des situations où tu auras peu ou pas de contrôle, moins tu ressentiras d'incertitude.

Comment surmonter les convictions limitantes

Les convictions limitantes sont une autre raison pour laquelle les gens s'auto-sabotent. Elles sont si importantes qu'elles méritent leur propre sous-chapitre.

Les convictions limitantes ne sont pas sur le devant de la scène dans ton esprit. Elles font leur chemin en coulisses, te conduisant à faire de mauvais choix et à renoncer pour de mauvaises raisons. Certaines des convictions limitantes les plus courantes (et leurs résultats) sont :

- *Je dois atteindre l'épuisement pour réussir :* si tu crois que tu ne peux pas réussir sans travailler 12 heures par jour, tôt ou tard, tu atteindras l'épuisement et le renoncement à cause du manque d'énergie.

- *J'ai échoué tellement de fois que ça va encore se reproduire* : essuyer des échecs peut faire entrer certaines personnes dans un cercle vicieux. Même si elles fixent de nouveaux objectifs et travaillent sur elles, tôt ou tard, elles se souviennent de leurs échecs passés et les laissent influencer leur comportement actuel.

- *Ce n'est pas possible* : peut se produire sous toutes les formes, mais se résume toujours au sentiment de doute. Comment es-tu censé persévérer si tu ne crois pas que c'est possible ?

- *Il est trop tard pour changer* : généralement le résultat d'une comparaison à d'autres personnes qui ont réalisé quelque chose avant toi. Tu renonces juste parce que tu crois que tu dois accomplir quelque chose dans un temps donné (par exemple, tu peux croire que tu es trop vieux pour démarrer une entreprise si tu as cinquante ans).

- *Je ne sais pas comment le faire* : tu supposes que tu es beaucoup moins intelligent que tu ne l'es. Par conséquent, tu renonces dès qu'il y a un problème ou quelque chose à apprendre.

Il existe diverses façons d'inverser les convictions limitantes. La façon la plus utile de les surmonter est de te prouver que tu as tort.

Par exemple, si je crois qu'en ayant peu de temps libre dans la journée je ferais aussi bien renoncer dès maintenant, car je ne construirai jamais une entreprise. Pour inverser cette conviction, je dois chercher des personnes qui ont construit une entreprise prospère malgré de nombreuses responsabilités dans leur vie.

S'il y a de telles personnes, j'ai la preuve que ma conviction est fausse.

Ensuite, je dois me demander comment je peux répliquer leurs résultats et si ma nouvelle conviction (« Je peux créer une entreprise prospère en y travaillant deux heures par jour ») me serait plus utile.

Ma conviction limitante ne disparaîtra pas du jour au lendemain, mais chaque fois que je la déconstruirai de cette façon, elle s'affaiblira et sera bientôt remplacée par une conviction favorable.

Chaque fois que l'ancienne conviction limitante apparaît dans ton esprit, rappelle-toi pourquoi elle est fausse. Si possible, communique avec les personnes qui ont atteint le même objectif que le tien et demande-leur des conseils sur la façon d'y arriver.

Tu peux utiliser une structure similaire pour chaque conviction limitante que tu as. La clé est d'arrêter de t'identifier avec cette conviction et de la remettre en question. En réussissant à inverser chaque conviction limitante qui te conduirait à renoncer, tu ressentiras une croissance personnelle importante et tu deviendras plus déterminé que jamais.

COMMENT TU T'AUTO-SABOTES ET COMMENT Y REMÉDIER : RÉCAPITULATIF

1. Le biais de statu quo tentera de te faire revenir à l'état précédent des choses. Combat-le en te demandant si le statu quo sert tes objectifs. Aurais-tu quand même choisi le statu quo s'il n'était pas déjà en place ?

2. Assure-toi que les victoires que tu obtiens sont au moins deux fois mieux que les pertes que tu vas subir.

3. Le biais cognitif te mènera à penser que tu es meilleur à la maîtrise de soi que tu ne l'es vraiment. Ne t'expose pas trop aux tentations. Sous-estime ta capacité à contrôler tes impulsions plutôt que l'inverse.

4. Introduis de la nouveauté et de la variation lorsque tu travailles sur tes objectifs pour éviter l'ennui qui entraînera l'épuisement professionnel.

5. Travaille sur ton estime de soi pour éviter de t'auto-saboter parce que tu ne te sens pas digne de la récompense. La meilleure façon de construire l'estime

de soi englobe la surveillance de tes pensées, la reconnaissance de tes forces et être davantage bienveillant envers les autres.

6. Recherche ce qui se passera lorsque tu atteindras ton objectif pour réduire la peur de l'inconnu. Pratique le lâché prise pour moins ressentir d'incertitude.

7. Les convictions limitantes peuvent te conduire à l'auto-sabotage. Élimine-les en trouvant des preuves contre elles.

Chapitre 6 : Comment développer la résilience psychologique

La résilience psychologique est la capacité à s'adapter au stress et à l'adversité, deux raisons pour lesquelles beaucoup de personnes renoncent à leurs objectifs avant de les atteindre.

Quels traits de personnalité affectent la résilience psychologique ? Quelles sont les meilleures techniques pour devenir plus résilient ? Dans ce chapitre, tu trouveras la réponse à ces questions.

Le trait de caractère le plus important des personnes déterminées

Des études[26] montrent que la détermination est fortement associée à la conscience. Les personnes consciencieuses sont minutieuses, prudentes, vigilantes, organisées, efficaces, professionnelles et autonomes. Elles sont généralement fiables et systématiques. Les plus extrêmes d'entre-elles sont perfectionnistes et / ou des bourreaux de travail.

Si la conscience n'est pas ton point fort, ne désespère pas, car il existe plusieurs façons de devenir plus consciencieux :

1. Concentre-toi sur l'amélioration d'aspects spécifiques de la conscience. Par exemple, prends l'habitude d'organiser ton bureau et de le nettoyer chaque semaine, ou de t'appliquer à être ponctuel.

2. Établis un programme quotidien. Organise ta vie en définissant un programme que tu respecteras. Tu peux porter un petit bloc-notes sur toi ou utiliser une application sur ton téléphone. Cela améliorera ta discipline personnelle, ce qui te rendra plus déterminé.

3. Utilise la technologie pour te rappeler des choses importantes. Si tu as la mauvaise habitude d'oublier ce que tu as à faire, programme des rappels sur ton téléphone ou ton ordinateur.

4. Tiens parole. Si tu promets quelque chose à quelqu'un, quel qu'en soit l'importance, fais-le. On

pensera de toi que tu es fiable, ce qui t'aidera à tenir les promesses que tu t'es faites à toi-même.

5. Mets de l'ordre. Renseigne-toi sur le minimalisme et la philosophie « moins c'est plus », pense à posséder moins de choses et à te concentrer davantage sur les expériences. Cela rendra ton environnement moins chaotique, et favorisera ton sens de l'organisation.

L'aptitude la plus importante pour développer la résilience

Les scientifiques définissent la résilience psychologique comme « la flexibilité en réponse aux exigences changeantes d'une situation et la capacité à se remettre des expériences émotionnelles négatives[27]. » Les personnes résilientes éprouvent des émotions positives même pendant des événements stressants, ce qui les aide à rebondir rapidement malgré les désagréments.

Par conséquent, l'aptitude la plus importante pour développer la résilience, c'est d'apprendre à transformer tes combats en quelque chose de positif. La technique principale pour cela est *le recadrage*.

Le recadrage est une façon de transformer les expériences et les concepts négatifs en des expériences et concepts plus positifs. Au lieu de penser à tes problèmes comme quelque chose qui t'empêche de réaliser ton objectif, tu peux les transformer en opportunités pour grandir.

Si tu luttes pour continuer, tu peux intégrer ce combat à une histoire incroyable que tu raconteras lorsque tu auras atteint ton objectif.

Tu peux combiner cette technique à la visualisation. Imagine le jour où tu atteindras ton objectif et rappelle-toi de tous tes combats et les obstacles que tu as dû surmonter. Lorsque tu reviendras à l'instant présent, tu verras tes problèmes d'un point de vue nouveau et plus stimulant, ce qui développera ta résilience.

Voici quelques exemples de recadrage :

Un entrepreneur qui a échoué à cinq projets réalise que chacune de ses entreprises précédentes n'était en fait pas un échec ; c'était l'occasion de comprendre ce qui ne fonctionnait pas. Par conséquent, chaque nouveau projet ne peut être qu'amélioré.

Une personne qui essaie de perdre du poids ne peut pas résister à ses envies et se goinfre de nourriture malsaine plusieurs jours d'affilée. Elle peut interpréter son échec comme une occasion de découvrir ce qui lui fait perdre le contrôle.

Un vendeur qui veut devenir le meilleur employé de l'entreprise doit faire face à de multiples rejets. Chaque rejet l'amène à mieux gérer celui-ci, ce qui lui garantit une excellente carrière dans la vente (et une excellente histoire de motivation à raconter quand il deviendra responsable des ventes).

Cinq autres façons de développer la résilience

Certaines personnes sont naturellement dotées de capacités à gérer les difficultés, tandis que d'autres doivent développer cette aptitude. Il existe cinq façons principales de développer la résilience :

Embrasser le changement

La souplesse est l'un des aspects les plus importants de la résilience. Les personnes qui ont des difficultés à s'adapter à différentes situations, défavorables ou non, luttent pour respecter leurs objectifs lorsqu'elles sont forcées de changer leur approche.

Alors que les gens ordinaires trouvent que les changements abrupts sont accablants, les personnes résilientes utilisent ces événements pour en tirer des leçons. Au lieu de désespérer, elles s'adaptent et prospèrent.

La capacité d'embrasser le changement vient avec la pratique. Les changements fréquents dans ta vie, des petits changements de tes habitudes aux grands changements de carrière, peuvent t'aider à développer cette aptitude et à devenir plus souple.

Envisage de mettre en place des expériences régulières dans ta vie et de bousculer ta routine de cette façon.

Par exemple, si tu te réveilles toujours à huit heures, essaye de te réveiller à six heures et adapte-toi. Si tu manges toujours cinq repas par jour, essaye de n'en manger qu'un seul par jour. Choisis différentes routes pour aller travailler chaque jour ou si tu es à ton compte, travaille dans un lieu différent.

Voyager vers des pays étrangers, surtout en mode sac à dos (exit le bronzage à la piscine), est un autre moyen puissant de s'adapter aux changements. Plus la culture du pays que tu visites est différente, plus tu apprends à t'adapter aux changements.

Développe un réseau amical et familial solide qui te soutient

Les personnes résilientes, peu importe leur capacité à faire face aux difficultés, n'y arrivent pas seules. Un réseau social solide est indispensable si tu travailles sur de grands objectifs qui, très certainement, te mettront en permanence face à de nombreux défis majeurs.

Savoir que tu peux toujours compter sur ton cercle d'amis et les membres de ta famille t'aidera à rester calme lors d'événements stressants.

Sois optimiste

L'optimisme et la résilience vont de pair. Les personnes résilientes sont capables de voir les points positifs, même dans les circonstances les plus tragiques. L'aptitude la plus importante pour devenir résilient est le recadrage, dont nous avons déjà discuté. Mais voici trois autres façons d'apporter plus d'optimisme dans ta vie :

1. Souris. Des études[28] montrent que les personnes qui ne peuvent pas froncer les sourcils suite à des injections de Botox ont une humeur nettement moins négative que les personnes qui peuvent froncer les sourcils. Tu peux sourire davantage de manière naturelle, même si tu n'en as pas nécessairement envie. A vrai dire, même un sourire forcé améliorera ton humeur.

2. Sois reconnaissant. Différentes[29] études[30] montrent qu'exprimer de la gratitude améliore l'humeur, augmente le bonheur à long terme et diminue les symptômes dépressifs. Une simple pratique quotidienne consistant à noter trois choses

dont tu es reconnaissant suffit à en éprouver les bienfaits.

3. Suis le modèle ABCDE. Le psychologue Albert Ellis a créé le modèle ABC initial d'Adversité, de Conviction (*NDT : en anglais B pour Belief*) et de Conséquence. Martin Seligman, l'un des psychologues les plus connus pour ses recherches sur la psychologie positive[31], a ajouté D pour Dispute et E pour Énergisation à ce modèle.

Adversité : décris une adversité récente avec un énoncé objectif.

Conviction (Belief) : note ce que tu te disais face à la difficulté.

Conséquences : qu'as-tu ressenti ou qu'as-tu fait à cause de cela ?

Dispute : trouve des preuves contre ta conviction ou adopte une perspective différente.

Énergisation : comment t'es-tu senti lorsque tu as contesté ta conviction ?

Voici comment cela fonctionne dans un exemple concret :

Adversité : *j'ai postulé à un emploi et je n'ai pas été pris.*

Conviction (Belief) : *je ne suis tout simplement pas assez bon. Je n'obtiendrai jamais un meilleur emploi.*

Conséquences : *je me sens inutile. J'arrête de chercher un nouvel emploi et je m'apitoie sur mon sort. Par conséquent, je me sens encore moins bien qu'avant.*

Dispute : *ce n'est pas vrai parce que j'ai travaillé à X il y a quelques années et ils m'ont toujours félicité.*

OU

Peut-être que ce n'était pas le bon travail pour moi. Le fait qu'ils ne me prennent pas ne signifie pas que je ne suis pas assez bon. Il y a beaucoup d'entreprises pour lesquelles je n'ai pas encore postulé.

Énergisation : *je me sens beaucoup plus confiant dans mes capacités à trouver un nouveau travail. Je sais que je peux apporter beaucoup de choses à l'entreprise et je le montrerai à mon prochain employeur potentiel.*

Utilise le même modèle pour changer tes réponses par défaut en réponses positives.

Prends soin de toi

Une réaction commune à l'adversité lorsque tu ne possèdes pas beaucoup de résilience est d'arrêter de prendre soin de toi. Tu négliges une alimentation saine, le sport, un bon sommeil, et tu arrêtes de faire des choses qui te rendent heureux.

Les personnes résilientes ne changent pas leurs habitudes lorsqu'elles font face à une crise. Même lorsque tu vis des moments difficiles, tu peux toujours prendre soin de toi et répondre à tes besoins.

Assure-toi de toujours t'alimenter, dans les bonnes et les mauvaises circonstances. Si ton comportement par défaut face à une crise est de négliger tes besoins, force-toi à respecter tes habitudes, même si tu ne te sens pas particulièrement heureux de le faire.

Développe tes aptitudes à résoudre les problèmes

Savoir que tu es capable de gérer les problèmes les plus complexes que tu puisses rencontrer dans ta vie fera de toi une personne plus résiliente. Cette facilité vient uniquement de la capacité à résoudre des problèmes et une expérience du monde réel.

Écris une liste pour t'aider à résoudre tes problèmes que tu pourras utiliser chaque fois que nécessaire. Plus tu exerceras ton intelligence, plus tu deviendras compétent pour résoudre les problèmes.

Pratique dès que tu en as l'occasion, écoute tes amis et aide-les à résoudre leurs problèmes. Projette-toi face à des défis hypothétiques et imagine des solutions. Regarde chaque problème sous un angle différent et n'aie pas peur de le résoudre de manière non conventionnelle.

COMMENT DÉVELOPPER LA RÉSILIENCE PSYCHOLOGIQUE : RÉCAPITULATIF

1. La conscience est le trait de caractère le plus important des personnes qui ont de la détermination. Pour devenir une personne plus consciencieuse, sois plus organisé et fiable. Envisage de suivre la philosophie du minimalisme pour réduire le chaos qui t'entoure.

2. Utilise le recadrage pour devenir plus résilient. Chaque fois que tu fais face à une situation difficile, trouve des points positifs.

3. Fais de petits et de grands changements dans ta vie pour devenir plus souple et apte à embrasser le changement.

4. Développe un cercle social solide pour t'accompagner dans ton aventure et atteindre tes objectifs.

6. L'optimisme t'aidera à devenir plus résilient. Commence à sourire davantage, car même un sourire forcé améliorera ton humeur. Exprime quotidiennement ta gratitude. Suis le modèle ABCDE

(adversité, conviction [belief], conséquence, discussion, énergisation) pour présenter une attitude plus positive quotidiennement.

7. Pense à toujours t'alimenter. Ne laisse pas une crise te transformer en épave car cela t'affaiblira davantage pour faire face au problème.

8. Pratique tes aptitudes à résoudre les problèmes pour accroître ta confiance. Trouve les solutions aux problèmes que tu rencontres, aux problèmes de tes amis et à des problèmes hypothétiques.

Chapitre 7 : Cinq techniques pour être inébranlable

Même les personnes les plus déterminées se battent parfois contre le doute et sont tentées de renoncer. Heureusement, il existe plusieurs techniques efficaces que tu peux utiliser pour réduire considérablement la tentation de renoncer. Utilise les deux premières techniques avant de te fixer un objectif. Les trois autres techniques t'aideront lorsque tu seras en difficulté.

Définis des enjeux

Des études montrent que les contrats d'engagement sont un outil efficace pour aider les gens à économiser de l'argent[32]. Tu peux définir des enjeux pour pratiquement tout autre objectif et obtenir des résultats similaires.

Plus il y a de choses en jeu si tu renonces, moins tu seras tenté de jeter l'éponge. Si tu souhaites réussir, définis les enjeux avant de commencer à travailler sur ton objectif.

Par exemple, si tu veux commencer à te réveiller plus tôt, donne à ton camarade de chambre qui se lève tôt un chèque de 50 euros et laissez-le l'encaisser si tu ne te réveilles pas à l’heure donnée.

Si tu veux perdre du poids, pénalise-toi de 50 euros pour chaque cupcake que tu manges lorsque tu fais un régime. Ce ne sera pas long avant que tu abandonnes les aliments malsains s'ils doivent te coûter 50 fois plus cher que d'habitude.

La motivation négative peut faire des miracles lorsque la motivation positive ne suffit pas pour t'aider à persévérer.

Définir des enjeux est également un moyen idéal pour évaluer ta détermination à atteindre ton objectif. Si tu es réticent à fixer des enjeux, c'est que tu as probablement peur de renoncer. Si c'est le cas, il est très improbable que tu atteignes ton objectif sans une motivation négative appropriée.

StickK.com est la plus grande communauté en ligne pour les personnes qui veulent déterminer des enjeux pour atteindre leurs objectifs.

Rends des comptes

La responsabilité publique est une autre façon de définir des enjeux financiers. Au lieu de te faire payer pour avoir renoncé, ici tu risques de te sentir honteux publiquement. Pour certaines personnes, cette technique produit un effet beaucoup plus motivant que la perspective de perdre de l'argent.

L'un des moyens les plus simples de rendre des comptes est de s'associer avec une autre personne qui veut atteindre un objectif similaire. Lorsque deux personnes se tiennent mutuellement responsables, elles sont toutes deux plus susceptibles d'atteindre leurs objectifs que lorsqu'elles le font seules.

Des études montrent que de faire du sport avec un partenaire améliore les performances sur les exercices d'aérobie[33]. De plus, la recherche suggère que travailler avec un partenaire légèrement meilleur te rendra plus persévérant[34].

Tu peux également communiquer ton objectif à tous tes amis et ta famille (ou simplement le partager sur les réseaux sociaux). C'est beaucoup plus difficile de renoncer si tu sais que tu décevras tes proches, surtout si tu travailles sur un but qui leur profiterait également.

Une autre façon de rendre des comptes est de travailler avec un entraîneur expérimenté, car l'orientation professionnelle augmentera ta confiance et t'offrira un soutien puissant qui t'aidera à continuer lorsque tu rencontreras des obstacles.

Relis ta vision

Et si tu n'en as pas, écris-la.

Une vision est un document qui décrit comment tu imagines ta vie dans un délai donné (disons un an). Cependant, tu ne dois pas nécessairement écrire une vision décrivant chaque petit aspect de ta vie, bien que ce soit aussi un facteur de motivation puissant. Tu peux écrire une courte vision décrivant la réalisation d'un but unique. Utilise des images et des vidéos pour rendre ta vision plus forte et plus attrayante.

Par exemple, si tu veux perdre du poids et être plus en forme, trouve la photo d'une personne qui ressemble à ce que tu souhaites devenir. Décris comment tu te sens, ta force et ton rythme d'entraînement.

Si tu souhaites créer une entreprise prospère, trouve des images de choses ou d'expériences que tu achèteras avec l'argent généré par ton entreprise. Décris ce que ton entreprise propose à ses clients, comment tes employés se sentent à ce sujet et comment tu te sens en tant que responsable.

Si tu veux obtenir un nouvel emploi, fais une liste des entreprises que tu préfères. Trouve des photos de leurs bureaux et d'autres images qui te motiveront à continuer à chercher un nouvel emploi.

Pose-toi des questions pour te recentrer

Il est difficile de rester concentré sur un objectif lorsque tu éprouves des émotions négatives et qu'il n'y a plus de raisons de continuer. Avant de prendre une décision finale, pose-toi plusieurs questions :

1. Seras-tu heureux si tu renonces et que ta vie reste la même ?

Parfois, tout ce qu'il faut pour persévérer, c'est de te rappeler le but final.

2. Que peut-il arriver de pire si tu continues mais que tu n'atteins pas ton objectif ?

Arnold Schwarzenegger a dit un jour : « La force ne vient pas de la victoire. Tes batailles développent tes forces. Lorsque tu traverses des difficultés et décides de ne pas renoncer, c'est ça la force. »

Même si tu n'atteins pas ton objectif, la personne que tu allais devenir en essayant de l'atteindre en vaut probablement la peine.

3. Qu'éprouverais-tu en disant aux autres les raisons pour lesquelles que tu as abandonné ?

Te sentirais-tu heureux de dire à ton ami que tu as abandonné parce que tu préfères regarder la télévision pour maigrir ? Aimerais-tu dire à ta moitié que tu as quitté l'arrêt du tabac parce que la sensation qu'une cigarette te procure est plus intéressant que de passer plus d'années avec elle ?

4. Combien de sacrifices as-tu fait ?

L'aversion envers la perte peut te faire poursuivre les mauvais objectifs, mais tu peux également l'utiliser pour te motiver à continuer quand tu sais que tu travailles sur le bon objectif. Lorsque tu penses au temps, à l'argent et à tous les efforts que tu as investis dans ton objectif, tu auras beaucoup moins envie de renoncer.

5. Qu'aimerais-tu dire à ton ami le plus proche s'il était à ta place ?

Observe tes batailles sous un angle différent. Cela te donnera un nouveau point de vue et t'aidera à te concentrer sur ta vision globale.

Et si c'était ton ami qui voulait perdre du poids ? Lui dirais-tu de renoncer parce que les cupcakes lui manquent trop ou l'aiderais-tu en lui disant qu'il fait du bon travail ?

Que dirais-tu à un ami qui travaille à développer son entreprise, mais où les clients ne viennent pas frapper à sa porte ? Lui dirais-tu de jeter l'éponge ou le motiverais-tu à essayer de nouvelles techniques de marketing ?

Parle-toi

Une recherche en psychologie du sport[35] confirme l'effet bénéfique du discours intérieur sur la performance. Les athlètes l'utilisent habituellement pour améliorer leur technique et leur concentration, mais le discours intérieur fonctionne également en dehors des sports. Tu peux l'utiliser pour améliorer ton attention sur la tâche à accomplir ou pour te motiver lorsque tu es en difficulté.

Si tu travailles sur ton entreprise et que tu dois appeler plusieurs clients potentiels, tu peux utiliser le discours intérieur pour te préparer à la prochaine conversation. Il peut s'agir d'une phrase courte (« sourire ») ou d'une phrase de motivation plus longue (« Je suis calme, professionnel et convaincant »).

Si tu travailles sur un objectif lié à la remise en forme, un simple « continue », « tu peux le faire », ou « tu es plus fort que tu ne le penses » peut t'aider à trouver plus d'énergie.

Te tenir un discours motivant, même si cela peut te faire sentir vieux-jeu, peut te faire profiter d'une stimulation temporaire.

CINQ TECHNIQUES POUR ÊTRE INÉBRANLABLE : RÉCAPITULATIF

1. Utilise le pouvoir de motivation négative pour réduire la tentation de renoncer. Les moyens les plus puissants de bénéficier d'une motivation négative sont la mise en jeu et de rendre des comptes. La perspective de perdre une quantité considérable d'argent ou de se sentir honteux publiquement peut faire des merveilles pour persévérer.

2. Lorsque tu te bats, motive-toi à persévérer en lisant ta vision. Si tu n'en as pas, écris-la : fais une description détaillée de ton objectif final.

3. Pose-toi des questions qui te recentrent pour éviter de renoncer pour la mauvaise raison. Seras-tu heureux si tu abandonnes et que ta vie reste la même ? Que peut-il arriver de pire si tu continues mais que tu n'atteins pas ton objectif ? Qu'éprouverais-tu en disant aux autres pourquoi tu as abandonné ? Combien de sacrifices as-tu fait ? Qu'aimerais-tu dire à ton ami le plus proche si il était à ta place ?

4. Utilise le discours intérieur pour obtenir une stimulation temporaire.

Chapitre 8 : Sept erreurs communes à éviter

Dans ce chapitre, nous allons discuter des erreurs les plus courantes que tu devrais éviter si tu veux respecter tes objectifs et persévérer, même en dépit de difficultés.

Attentes irréalistes

En raison du phénomène connu sous le nom de syndrome du faux espoir (*false hope syndrom*)[36], certaines personnes définissent des attentes irréalistes et continuent à répéter la même erreur encore et encore.

Les personnes qui sont victimes du syndrome du faux espoir (et c'est plus fréquent que tu ne le penses) font des tentatives fréquentes pour changer. Elles abandonnent lorsqu'elles se rendent compte qu'elles n'atteindront jamais leur objectif aussi rapidement ou aussi facilement qu'elles l'ont supposé.

Afin d'éviter ce comportement, recherche toujours les résultats moyens obtenus par les gens lorsqu'ils fixent un objectif spécifique.

Par exemple, si tu veux faire un régime, renseigne-toi sur combien de kilos tu peux t'attendre à perdre par semaine au lieu de supposer que tu peux perdre 5 kilos chaque semaine. Si tu veux créer une entreprise, lis des articles écrits par des entrepreneurs chevronnés pour savoir combien de temps il faut à une personne inexpérimentée pour construire une entreprise prospère. Si tu veux apprendre une nouvelle aptitude, renseigne-toi sur ce que tu peux espérer maîtriser en un mois, trois mois ou autre.

Une recherche simple comme celle-ci te préparera pour le monde réel, qui diffère souvent beaucoup des attentes irréalistes des débutants qui doivent encore prendre conscience de la difficulté de certaines choses.

Se concentrer sur l'événement plutôt que sur le processus

La documentation sur le développement personnel suggère que la meilleure façon de te motiver à travailler sur ton objectif est de l'imaginer dans le détail, en plus d'autres facteurs.

Une expérience[37] menée par des chercheurs de l'UCLA a montré que les étudiants de première année qui ont visualisé de bonnes habitudes de révision ont subi moins d'anxiété et ont connu de meilleurs résultats que les élèves qui ont visualisé de bonnes notes.

Une autre étude similaire[38] suggère que les personnes qui consacrent du temps à réfléchir à l'organisation pour atteindre un objectif spécifique se comportent mieux et se sentent plus optimistes à ce sujet que les personnes qui pensent à la récompense potentielle.

Lorsque tu passes plus de temps à réfléchir et à mettre en œuvre tes projets plutôt qu'à fantasmer sur la récompense potentielle, tu es plus susceptible de respecter tes objectifs.

Cela ne veut pas dire qu'il n'y a pas de place pour la visualisation de la récompense. Parfois, imaginer des succès futurs peut améliorer ta motivation et t'aider à persévérer. Cela peut également t'aider à repérer les erreurs et à améliorer ta performance.

Une technique appelée répétition visuelle du comportement moteur[39] est l'une des techniques les plus fondamentales en psychologie du sport. La première étape consiste à fermer les yeux et à te détendre, puis à visualiser un aspect de ta performance ou de ta réussite du début à la fin. Une telle pratique régulière est à la fois motivante et offre un retour d'information utile pour améliorer tes résultats.

De plus, une étude de Noelia A. Vasquez et Roger Buehler[40] suggère que la visualisation de ton succès à la troisième personne est plus profitable que de la faire à la première personne.

Selon les chercheurs, lorsque tu t'imagines à la troisième personne, cela t'aide à mettre en évidence la signification et l'importance de ton but, ce qui entraîne un impact motivant plus puissant.

Essaye les deux approches pour savoir laquelle te convient le mieux.

Écouter les gens aux convictions limitantes

Les convictions limitantes peuvent venir non seulement de toi, mais aussi des autres. L'influence sociale négative peut parfois briser tes objectifs, même si tu es une personne déterminée.

Chaque fois que quelqu'un remarque que tu n'atteindras pas un objectif, demande-toi si ce qu'il dit provient de ses convictions limitantes ou d'un point de vue recevable. Il est assez facile de discerner les opinions et les faits lorsque tu demandes des preuves pour soutenir des revendications. Si on ne peut pas en fournir, il s'agit d'une opinion, et tu devrais – normalement – l'ignorer.

Beaucoup de gens qui réussissent, comme Jim Rohn, Tony Robbins ou Richard Branson, font l'éloge de l'importance d'un cercle social stimulant. Lorsque tu es entouré d'individus qui soutiennent tes objectifs et travaillent sur les-leurs, tu es beaucoup plus susceptible de transformer ta vie. Fréquenter des gens pessimistes et paresseux te conduira dans la direction opposée.

Prendre des décisions hâtives

Prendre des décisions importantes sans prendre quelques jours pour y réfléchir mènera à de mauvaises décisions.

Souvent, les personnes qui renoncent quand les choses deviennent difficiles n'abandonnent que parce que la douleur temporaire les a influencées à tel point qu'elles ont instinctivement décidé de renoncer (« ça me fait tellement mal que je dois arrêter »).

Fais une pause et réfléchis avant de prendre une décision importante. Adopte un ensemble de règles pour prendre des décisions. Par exemple :

- Je ne prends jamais de décision importante quand je suis fatigué.

- Je ne prends jamais de décision importante quand je suis sous l'influence d'une émotion négative (tristesse, colère, frustration).

- Je ne prends jamais de décision importante sur un coup de tête. Je me donne toujours 24 heures pour changer d'avis.

La majorité des meilleurs investisseurs ne prennent pas leurs émotions en compte. Grâce à cette règle simple, ils ne prennent pas de décisions imprudentes qui mettraient en péril leurs finances.

Ignorer le progrès lent

Un progrès lent est quand même un progrès, mais certaines personnes considèrent qu'il s'agit d'une raison acceptable de renoncer. Sauf si tu dois absolument réaliser quelque chose dans un délai imparti que tu sais impossible, ne renoncer que parce que ton progrès est lent est une erreur.

Ajuste ta cadence et trouve des moyens d'augmenter ta vitesse de progression au lieu de renoncer. Même si tu ne peux pas trouver un moyen d'aller plus vite, respecter ton objectif est encore un meilleur choix que d'y renoncer. Dans le premier cas, tu finiras par atteindre ton objectif, dans le second, la seule garantie, c'est que rien ne change.

Certaines personnes abandonnent parce qu'elles ne constatent aucun progrès. Il est facile de négliger de petits progrès, surtout lorsque tu travailles sur un grand objectif.

Pour éviter de commettre une telle erreur, quantifie tes progrès autant que possible. Enregistre tes aptitudes et ta performance. Par exemple, si tu apprends une nouvelle langue, tu peux périodiquement effectuer des tests en ligne pour évaluer tes compétences.

Laisser le passé te définir

Les échecs passés ne devraient pas affecter ce que tu fais maintenant, mais beaucoup d'entre nous ont tendance à les ressasser. Cette pensée négative peut affecter ta façon de penser lorsque tu te bats et te faire croire que tu vas répéter tes erreurs passées.

Comment faire face à ce problème et échapper au cercle vicieux ? Tu dois basculer ta concentration figée sur le passé sur le présent et considérer chaque objectif comme un nouveau départ. Le passé t'influence parce que tu le laisses affecter ta façon de penser. Lorsque tu abandonnes ces pensées (et cela demande une surveillance de soi pour y arriver), tu réduis le risque d'entrer dans le cercle vicieux.

Pleurnicher et laisser les autres se plaindre dans ton entourage

Se plaindre du manque de résultats te fera perdre la motivation et renoncer. Si tu veux réduire le nombre de pensées négatives dans ton esprit, envisage d'essayer une expérience créée par l'auteur de best-seller Will Bowen ; passer 21 jours d'affilée sans se plaindre[41].

De plus, l'effet négatif que les lamentations ont sur ton succès ne s'arrête pas à toi.

Dans son livre *Three Simple Steps : A Map to Success in Business and Life*,[42] l'auteur de bestseller Trevor Blake cite une recherche conduite sur l'hippocampe par Robert Sapolsky à l'école de médecine de l'université de Stanford. L'hippocampe est la partie du cerveau qui est très sensible aux stimuli négatifs.

Sapolsky a constaté que l'exposition au stress, comme entendre quelqu'un pleurnicher ou médire, élève les niveaux de cortisol. Cela entrave les connexions synaptiques et accélère la mort cellulaire, ce qui provoque le rétrécissement de l'hippocampe.

En conséquence, l'hippocampe, comme l'écrit Blake, « décline la fonction cognitive, y compris la capacité à conserver l'information et à s'adapter à de nouvelles situations ».

En d'autres termes, lorsque tu laisses les autres se plaindre dans ton entourage, tu ressens non seulement un stress inutile, mais aussi ton intelligence diminue au fil du temps. Et comme nous l'avons déjà mentionné, la capacité à s'adapter à de nouvelles situations est la compétence la plus importante pour la résilience.

Sapolsky suggère quatre façons de traiter ce problème[43] :

1. Surveille tes pensées. Chaque fois que tu te plains, redeviens positif.

2. Évite les personnes négatives. Quitte les conversations négatives.

3. Ignore les lamentations si tu ne peux pas y échapper. Remplis ton esprit de pensées positives pendant que ton entourage se lamente.

4. Propose aux gens de trouver des solutions. Si quelqu'un vient te voir pour se plaindre de quelque

chose, demande-lui ce qu'il compte y faire. Bien souvent, cela empêchera le plaignant de se plaindre en ta présence.

SEPT ERREURS COMMUNES À ÉVITER : RÉCAPITULATIF

1. Fais des recherches avant d'établir un objectif. Les attentes irréalistes sont l'une des raisons les plus courantes pour lesquelles les gens renoncent.

2. Concentre-toi sur l'événement plutôt que sur le processus. Stimule ta motivation en visualisant la récompense, mais assure-toi de passer suffisamment de temps à visualiser le processus : cela te préparera à mieux relever les défis et à rendre le but plus atteignable.

3. Évite les personnes aux convictions limitantes. Une opinion auto-limitante de ton ami peut diminuer ta motivation tout aussi efficacement que tes propres convictions limitantes.

4. Les gens renoncent souvent sur un coup de tête lorsqu'ils ne peuvent supporter la douleur temporaire associée au travail pour atteindre leur objectif. Donne-toi le temps avant de prendre des décisions importantes et rappelle-toi que cela s'apaisera.

5. Un progrès lent n'est pas une bonne raison de renoncer. Si quelque chose fonctionne à faible allure, il suffit d'ajuster le rythme de travail.

6. Renonce aux souvenirs passés qui influencent le moment présent. Les gens renoncent trop souvent simplement parce qu'ils laissent leurs échecs passés définir le présent et leur avenir.

7. Surveille tes pensées négatives et débarrasse-t'en. Essaie de ne pas te plaindre pendant 21 jours d'affilée. Rappelle-toi que de t'entourer de personnes qui ont une attitude négative t'empoisonne et te rend moins intelligent. Pour cela, il faut les éviter, les ignorer et combler ton esprit avec des pensées positives, et demander aux gens ce qu'ils ont l'intention de faire pour résoudre leurs problèmes.

Chapitre 9 : Six experts partagent leurs meilleures techniques pour ne jamais renoncer

Pour partager avec vous une perspective différente sur la détermination, j'ai invité six experts, auteurs et blogueurs, à partager leurs réflexions sur ce sujet. Voici leurs réponses.

Stephen Guise, auteur bestseller de *Mini Habits : Smaller Habits, Bigger Results*

En route pour devenir un auteur de bestseller international avec mon premier livre, qui est maintenant traduit en une douzaine de langues, on pourrait penser que j'ai réussi du jour au lendemain. Mais en vérité, j'ai failli quitter mon blog, celui dont j'avais besoin pour lancer ce livre… à 6 reprises ! C'est la détermination qui m'a mené là où je suis, et il y a deux choses clé qui m'ont aidé à persévérer.

Tout d'abord, je n'ai pas commencé le blog parce que je voulais gagner de l'argent. J'ai commencé le blog parce que j'aimais analyser la vie à travers les mots et je voulais partager mes idées avec plus de monde que simplement la famille et les amis. Pendant les deux premières années, alors que je n'avais pas de succès, je me rappelais que je n'avais pas écrit parce que je voulais de l'argent ou de la gloire. Cela a détaché mon travail des résultats, ce qui m'a permis de continuer.

Puis, je croyais en ce que je faisais. Si tu ne crois pas en ce que tu fais, il sera presque impossible de persister. L'auto-conviction en général ou dans un domaine particulier vient avec la pratique. J'écrivais déjà depuis un an quand j'ai considéré renoncer la première fois, et j'étais devenu un meilleur écrivain pendant cette période. En voyant cette amélioration, cela m'a aussi aidé à continuer.

Pour résumer, persiste en connectant d'abord ta recherche à un intérêt réel qui n'est pas motivé par des choses superficielles comme l'argent ou la renommée. Cet intérêt peut te mener à voir des progrès et des améliorations. Ensuite, tu constateras des progrès et développeras la conviction que si tu n'y arrives pas maintenant, tu y arriveras bientôt.

Achète le livre de Stephen, Mini Habits ici : http://www.amazon.com/dp/B00HGKNBDK

Joel Runyon, Blogger à ImpossibleHQ.com

Tu as besoin d'une chose. Une chose à laquelle t'accrocher. Une raison extrêmement solide pour faire ce que tu fais. Tu dois avoir une réponse blindée à la question, « Pourquoi fais-je cela ? » parce que lorsque tes poumons crient, ton corps fatigue, ton cerveau grille et chaque partie de ton être veut arrêter, tu dois être en mesure de revenir sur cette seule chose, et la laisser être ce qui te fait passer à l'étape suivante.

Lis le blog de Joel à : http://www.impossiblehq.com

Serena Star-Leonard, auteur bestseller de *How to Retire in 12 Months : Turning Passion into Profit*

Il existe beaucoup de raisons pour lesquelles tu peux renoncer à quelque chose. Si tu as véritablement perdu tout intérêt, ou que tu n'en as peut-être jamais eu, renoncer peut être inévitable. Mais si tu es tenté de renoncer parce que les choses sont vraiment devenues difficiles ou que tu as rencontré des défis apparemment insurmontables, voici mes conseils pour persister.

1. Arrête-toi et respire. Lorsque tu es très proche de ton projet, tu peux avoir une perspective divergente sur la réalité, surtout si les choses semblent s'effondrer ou hors de contrôle. Je trouve que cela m'aide de me retirer complètement pendant un certain temps.

Si tu es très impliqué, prends quelques jours de congés et fais quelque chose de complètement différent. Fais quelque chose qui habituellement te comble ou te calme et te procure une grande paix, ou une grande joie. Parfois, juste le fait de laisser quelque chose qui semble si important peut te donner une certaine perspective. Arrête-toi, respire, réfléchis, prends des nouvelles de tes amis et tu trouveras souvent la solution dont tu as besoin, et souvent tu te rendras compte que ce n'était pas un problème si difficile.

2. Fais un brainstorming sur les façons dont tu peux faire les choses différemment. Si tu envisages vraiment de renoncer à ton objectif, assieds-toi et écris une liste de 10 ou 20 manières dont tu pourrais faire les choses différemment pour augmenter tes chances de réussir.

Sois super créatif et imagine des moyens plausibles et peut-être même apparemment peu plausibles grâce auxquels tu pourrais changer la façon dont tu traites ton objectif chaque jour. On se cogne souvent la tête contre les murs à cause d'une routine ou d'une stratégie qui ne fonctionne tout simplement pas. Sois créatif pour la changer et voir ce que tu peux trouver.

3. Rappelle-toi que tout peut changer du jour au lendemain. Même si ton projet n'a pas marché durant

six mois ou deux ans, tu dois te rappeler que tout peut changer du jour au lendemain.

Imagine que demain tu auras progressé dans ton projet. Quelles mesures pourrais-tu prendre pour faire de ce progrès une réalité ? Qui pourrais-tu appeler ? Que pourrais-tu offrir ? Que pourrais-tu créer ? Quelles mesures vas-tu prendre ? Qui évites-tu d'approcher ? Les réponses à ces questions devraient créer un ensemble d'actions possibles qui pourraient modifier tes résultats ... rapidement !

Consulte le site de Serena ici : http://in12months.com/

Derek Doepker, auteur bestseller de *Why You're Stuck*

Trois mots magiques pour adhérer à n'importe quelle résolution

As-tu déjà commencé quelque chose avec le sentiment de pouvoir affronter le monde, mais qu'ensuite « la vie » se met en travers de ton chemin ?

Il existe une technique qui est une sorte « d'arme secrète » pour moi, pour rester sur la bonne voie peu importe les difficultés. Je l'appelle ma technique des « trois mots magiques ».

Je me demande simplement : « Puis-je juste... ? » et ensuite j'insère une action tellement facile que je peux la faire, peu importe que je me sente ou non motivé.

Disons que je n'ai pas envie de faire une séance d'entraînement d'une heure. Je peux me demander : « Puis-je juste faire l'échauffement ? » Si même cela est trop accablant, je vais me demander : « Puis-je juste faire les 30 premières secondes ? » Après cela, je me demande : « Puis-je juste en faire un peu plus ? Une répétition de plus ? Un exercice de plus ? » Je peux toujours m'arrêter une fois que j'ai atteint le point où je sens que j'ai fait tout ce que je pouvais et que je ressens quand même un sentiment d'accomplissement.

As-tu déjà remarqué qu'*après* avoir commencé à faire quelque chose, tu as *ensuite* envie de continuer ?

Au lieu d'essayer d'obtenir de la motivation, essaye de prendre de l'élan. La motivation suivra naturellement.

Le succès entraine le succès. Chaque fois que tu réussis à faire ne serait-ce qu'une petite chose, ton sens de l'accomplissement et le désir d'en faire davantage grandissent.

Cela signifie que chaque fois que tu as envie de cesser de fumer, par exemple, fais un tout petit pas dans la bonne direction, idéalement, ce qui te prend moins d'une minute à faire. Ensuite, si c'est tout ce que tu peux faire pour ce jour-là, alors génial ! Récompense-toi en te disant : « J'ai fait *quelque chose* quand j'ai ressenti l'envie de cesser de fumer et cela me rend heureux ! »

Avec ce processus d'auto-récompense, il est essentiel d'aller au bout à chaque fois pour prendre une habitude. Si tes récompenses sont encore lointaines, tu te sentiras rarement assez bon à court terme pour respecter ta résolution. Cela signifie que le discours intérieur comme, « Ouais ... bon, j'*aurais dû* faire plus. Je suis pathétique ! » doit disparaître. Changer ton dialogue intérieur est une partie souvent négligée de tout ce processus.

Récompense-toi chaque fois que tu vas jusqu'au bout, même le plus petit pas dans la bonne direction.

Ce sentiment d'accomplissement te poussera à faire encore plus.

Cette méthode fonctionne toujours tant que tu t'assures de te donner une cible facile à atteindre. Même si cela prend des mois pour générer de l'élan, utiliser ces trois mots magiques, « Puis-je juste », trouver le plus petit pas que tu es prêt à faire, c'est la garantie pour te conduire plus loin que ne rien faire du tout.

Derek Doepker montre aux gens comment créer de meilleures habitudes en 5 minutes par jour dans son livre The Healthy Habit Revolution. Il est également l'auteur No 1 bestseller du livre de développement personnel Why You're Stuck et fondateur du blog Excuse Proof Fitness. Tu peux te connecter sur sa page ici http://facebook.com/derekdoepker

Michal Stawicki, auteur bestseller de *Trickle-Down Mindset : The Missing Element in Your Personal Success*

Une once de prévention vaut mieux qu'une livre de guérison.

Que faire lorsque tu as envie de renoncer ? Eh bien, si tu as envie d'abandonner, il est trop tard de quelques mois pour y faire quelque chose. Cela signifie que tu ne crois pas à ce que tu fais. Cela ne t'enthousiasme pas. Tu ne penses pas que cela mérite ton temps ou tes efforts. Quelque chose a mal tourné il y a bien longtemps.

La raison de ce sentiment est rarement raisonnable. Je ne peux trouver que deux cas de figure dans lesquels cela est justifié : tu n'obtiens pas les résultats escomptés ou tu es épuisé et tu n'as aucune force pour terminer ta tâche. Ces deux raisons logiques exigent des solutions judicieuses. Premièrement, modifie tes actions afin que tu puisses commencer à obtenir des effets souhaitables. Deuxièmement, modifie ton mode de vie, de sorte que tu aies des niveaux d'énergie plus élevés quotidiennement.

Pour assurer les résultats, tu devrais considérer davantage de motivation que ton niveau actuel. Tu as besoin d'un plan, d'une mesure et d'un système de suivi. Une validation externe n'est pas non plus une mauvaise idée (un mentor, un entraîneur, une communauté de personnes partageant les mêmes idées, un groupe concepteur ou un partenaire responsable). Tu devrais développer ton plan et commencer à suivre tes résultats dès le début.

Pour améliorer ton niveau d'énergie, tu dois t'examiner. Qu'est-ce que tu manges ? Combien de fois fais-tu de l'exercice ? Combien d'heures dors-tu ? Ensuite, tu dois modifier tes routines quotidiennes pour améliorer ta performance. Tu es épuisé en raison de ton mode de vie, pas du travail que tu fais. Si tu manques de force, ma meilleure estimation est que tu manques de sommeil.

La meilleure astuce pour cela est de faire une courte sieste. Une sieste éclair peut te ramener à un état « presque normal » plus rapidement et sans les effets secondaires des stimulants.

Analysons ce qui se cache derrière l'affirmation « J'ai envie de renoncer ». Tout d'abord, c'est un sentiment, quelque chose de temporaire et contraire à la rationalité. Le premier signe de ce sentiment est ton discours intérieur. Voici quelques phrases que je dis quand j'essaie de me décourager de faire quelque chose : « Et à quoi ça sert ? Personne n'apprécie vraiment ton travail de toute façon », « j'ai bossé trop longtemps. J'ai besoin de repos », « Vas-y doucement, ce n'est pas si important, n'est-ce pas ? » « C'est dur, j'ai besoin de repos ; mets un film et oublie le monde pour les deux prochaines heures. »

Toutes ces affirmations sont des expressions de sentiments qui se cachent derrière elles, un besoin d'acceptation, un désir de détente, de confort ou d'ennui. La meilleure solution immédiate consiste à modifier ton discours intérieur.

Ce n'est pas difficile de sortir de tes émotions ; elles sont stupides et tu es intelligent. Mais remarquer ton discours intérieur décourageant et lutter contre ça, ce n'est pas facile. Tu as besoin de pratique. Il s'agit à nouveau de prévention. Je recommande de tenir un journal et / ou de méditer pour être davantage conscient de ton discours intérieur.

Habituellement, les rationalisations derrière tes émotions ne sont pas seulement stupides, mais aussi fausses. Dans mon cas, « personne n'apprécie vraiment ton travail de toute façon » signifie simplement que ma femme ne m'a pas complimenté ces derniers temps. C'est surtout pour son acceptation que je fais tous ces efforts.

Le contre-argument le plus facile à tes pleurnicheries est : « Est-ce vrai ? »

Est-ce que personne ne m'apprécie ? Bien sûr que quelqu'un m'apprécie. J'ai beaucoup de témoignages de mes lecteurs disant que mon travail est précieux. Est-ce que je mérite du repos ? Bien sûr que non. Le repos n'est pas quelque chose que tu dois mériter. C'est une partie nécessaire de la vie. Est-ce que j'ai besoin de me reposer maintenant ? Ça, c'est une question acceptable. Est-ce que ce que je fais n'est pas important ? Si la réponse est oui, je devrais absolument faire autre chose à la place.

Te poser la question : « Est-ce vrai ? » conduit à des réponses faibles de la part de ton subconscient. Ces réponses peuvent être facilement démantelées par d'autres questions. Par exemple :

« C'est dur. J'ai besoin de repos.»

« Est-ce vrai ? »

« Oui, je suis fatigué. »

« Qu'est-ce qui était si fatigant ? »

« Ohhh... eh bien... ouais... Je n'ai dormi que 7 heures... et ça fait déjà 2 heures que je travaille ! »

Maintenant, tu sais que tu te trouves des excuses.

Selon mon expérience, ce sentiment est le résultat de négliger les fondements, en particulier ta philosophie personnelle. La philosophie personnelle est l'attitude que tu adoptes pour conduire de ta vie. C'est le conglomérat de tes convictions, il sert de mécanisme de filtrage pour toutes les idées qui te bombardent.

Je recommande la prévention. Ne t'inquiète pas du manque de motivation actuel. Travaille sur le flux constant de motivation et ce sentiment ne se présentera jamais ou sera tué dans l'œuf. Il y a longtemps, mon subconscient a abandonné toute tentative directe de me décourager d'agir. Dans le cadre de ma philosophie personnelle, j'ai adopté la conviction : « Si je renonce, je ne connaîtrai jamais les résultats ». Renoncer n'est tout simplement pas une option dans ma vision du monde.

Changer tes propres convictions n'est pas un travail facile. Cela peut être fait relativement rapidement, mais tu dois être un maître de la PNL (programmation neuro-linguistique) pour obtenir des résultats durables dans un court laps de temps. La plupart d'entre nous ne le sommes pas, et je recommande donc une approche plus équilibrée : modifie tes sources de données, change tes fréquentations et modifie ton discours intérieur.

Si tu changes ne serait-ce que ces trois éléments, tu changeras ta vie pour toujours. Pas de magie ni de bizarrerie impliquée. T'ouvrir à de nouvelles informations, de nouvelles personnes et améliorer ton discours intérieur entraîneront le processus naturel de « l'osmose de conviction ».

Je te défie de ne consommer qu'un seul nouveau média (blog, podcast, etc.). Rejoins juste un nouveau groupe de personnes, médite ou tiens un journal pendant cinq minutes par jour. Fais-le pendant 100 jours et essaye de rester la même personne.

Tu t'empêcheras de renoncer au lieu de dépenser beaucoup d'énergie pour lutter contre la tentation quand elle se manifeste.

Michal est un auteur de bestseller sur le développement personnel (tu peux consulter ces livres ici :

www.amazon.com/author/michalstawicki) et un blogueur à http://www.expandbeyondyourself.com/

Hung Pham, auteur bestseller de *Break Through : 12 Powerful Steps to Destroy Your Mental Barriers and Achieve Success*

Durant la majeure partie de ma vingtaine, j'ai souffert de dépression, de dépendance et j'étais submergé de dettes. Bien des jours, non seulement j'avais envie d'abandonner, mais ça ne m'aurait pas dérangé plus que ça si une voiture m'avait heurté et ôté la vie. Je sentais que ma vie était un gâchis. Maintenant, en regardant en arrière, c'est très triste de savoir que je pensais comme ça, mais à l'époque, je n'y pouvais rien.

Je suis heureux de dire que je les choses vont bien mieux pour moi maintenant, sans dette, sorti de la dépendance, et plus important encore, je suis prospère en tant qu'entrepreneur. Les meilleurs conseils que je peux donner à quiconque à l'envie de renoncer sont les suivants :

1. Si tu souffres de dépression ou de dépendance, demande de l'aide tout de suite. Pendant la plus

grande partie de ma vingtaine, cela m'embarrassait de demander de l'aide et je pensais pouvoir lutter seul. Mais en réalité, il faut que tu commences par chercher de l'aide.

2. Si tu veux abandonner parce que tes objectifs semblent insurmontables, cherche les petites victoires. Quand j'essayais de m'acquitter de mes 60 000 $ de dettes, j'ai commencé petit. J'ai essayé de travailler en amont pour trouver un système qui me permettrait de rembourser ma dette dans un délai raisonnable. C'est important de rechercher les petites victoires parce qu'elles s'ajoutent aux plus grandes victoires.

3. Si tu te sens trop sollicité parce que tu as tellement de choses dans ta vie, fais une liste de tes priorités les plus importantes. Supprime tout le superflu. Pour moi, il s'agissait d'aller mieux et d'être mentalement plus sain. Une fois que j'ai fait ça, tous les autres aspects de ma vie, comme ma carrière et mes affaires, ont commencé à prospérer.

4. Et enfin, si tu n'as juste plus la conviction, n'oublie pas ceci : les choses difficiles ne se

produisent facilement pour personne. La vie est censée être difficile et pour ceux d'entre nous qui veulent vraiment avoir un impact, il y a toujours une lutte. Mais l'intérêt est dans le voyage, pas la destination. Je n'ai jamais cherché à être un entrepreneur, mais dans le processus de l'amélioration, j'ai réalisé combien je peux aider les autres à travers mon expérience. C'est la seule pensée qui était en moi tous les jours.

Toutes les choses que tu veux dans la vie sont en dehors de ta zone de confort.

Hung est un auteur bestseller de développement personnel dont tu peux consulter les livres ici : http://amazon.com/author/hungpham. Inscris-toi à sa newsletter pour plus de conseils : http://www.missionandpossible.com/

SIX EXPERTS PARTAGENT LEURS MEILLEURES TECHNIQUES POUR NE JAMAIS RENONCER : RÉCAPITULATIF

Stephen Guise:

1. Ta motivation doit être différente que les objectifs externes, comme l'argent ou la renommée.

2. Crois en ce que tu fais.

Joel Runyon :

1. Tu dois avoir une réponse blindée à la question : « Pourquoi fais-je cela ? »

Serena Star-Leonard :

1. Oublie tes problèmes pendant quelques jours pour avoir une nouvelle perspective.

2. Fais un brainstorming sur 10 à 20 façons de faire les choses différemment et augmente tes chances de réussite.

3. Imagine que tu rencontres une progression dans ton projet et demande-toi ce qui pourrait t'aider à en faire une réalité.

Derek Doepker :

1. Au lieu d'essayer d'obtenir la motivation, essaye de prendre de l'élan. Pose-toi la question : « Puis-je juste... ? » et trouve une petite action que tu peux accomplir, peu importe le manque de motivation.

2. Récompense-toi chaque fois que tu fais le moindre petit pas dans la bonne direction.

Michal Stawicki :

1. Évite les problèmes de motivation en établissant les bons objectifs et en peaufinant tes actions afin d'obtenir des résultats.

2. Crée un plan et enregistre tes résultats dès le premier jour.

3. Demande-toi si tes problèmes ne sont pas le résultat de faibles niveaux d'énergie. Fais une sieste pour améliorer ta performance.

4. Tiens un journal et / ou médite pour être plus conscient des moments où tu rationalises ta tentation de renoncer.

5. Change ta philosophie personnelle en modifiant les ressources que tu consommes (livres,

blogs, podcasts, etc.), les personnes avec lesquelles tu interagis et tes pensées intimes.

Hung Pham :

1. Si tu souffres de dépression ou de dépendance, mets tes préjugés de côté et demande une aide professionnelle.

2. Quand tu travailles sur de grands objectifs, cherche les petites victoires. Elles s'ajoutent aux plus grandes.

3. Fais une liste de tes priorités et supprime les distractions.

4. Les choses difficiles ne se produisent facilement pour personne. La lutte fait partie du processus.

Épilogue

J'ai écrit ce livre avec un objectif en tête ; t'aider à comprendre ce qui affecte la détermination et comment devenir une personne plus déterminée. Si mon livre t'a aidé à repousser les obstacles et à surmonter le sentiment de découragement temporaire, je considère que mon travail a été accompli.

Toutefois, je te demande de ne pas négliger l'importance du premier chapitre. La détermination est considérée comme la qualité la plus importante des personnes prospères, mais la clé est d'appliquer le pouvoir de celle-ci aux choses adéquates dans ta situation unique.

Il y a bien des fois dans ma vie où j'ai suivi le mauvais chemin. En renonçant à des choses qui ne me convenaient pas, j'ai gagné plus de temps et d'énergie pour me concentrer sur les choses qui étaient bonnes pour moi.

C'est pourquoi j'ai commencé ce livre en parlant de savoir renoncer. Comme le souligne Richard Koch dans son livre *Living the 80/20 Way*, si tu fais les activités correctes, tu peux travailler sans effort et réaliser beaucoup de choses.

Si tu as déjà découvert quelles sont les bonnes choses pour toi, j'espère que les conseils que j'ai partagés dans ce livre te serviront pour le reste de ta vie.

Les choses essentielles à ne pas oublier :

1. Utilise le pouvoir des habitudes pour automatiser tes comportements. Moins tu ressens de résistance à travailler sur ton objectif, moins tu es susceptible de renoncer.

2. Travaille sur ta ténacité mentale en te mettant dans des situations inconfortables.

3. Concentre-toi sur les résultats et ne néglige pas la puissance d’un repos essentiel. Même les meilleurs joueurs ne pratiquent pas plus de quatre heures et demi par jour.

4. Identifie la façon dont tu t’auto-sabotes et apprends à gérer ces comportements.

5. Deviens une personne plus résiliente en apprenant à t'adapter aux changements et à résoudre les problèmes.

6. Sois inébranlable. Utilise les cinq techniques mentionnées dans le chapitre 7 pour respecter tes objectifs.

7. Prends conscience des erreurs les plus courantes que les gens font lorsqu'ils travaillent sur leurs objectifs et évite-les dans ta vie.

Pratique l'art de la persévérance, et je suis certain que tu atteindras tes objectifs et que tu changeras ta vie pour le mieux.

Inscris-toi à ma newsletter

J'aimerais rester en contact avec toi. Inscris-toi à ma newsletter et reçois mes nouvelles publications, des articles gratuits, des cadeaux et autres e-mails importants de ma part.

Inscris-toi en visitant le lien ci-dessous :

http://www.profoundselfimprovement.com/frnews

Peux-tu aider ?

J'adorerais connaître ton opinion à propos de mon livre. Dans le domaine de la publication de livres, il existe peu de choses plus importantes que les avis honnêtes d'une grande variété de lecteurs.

Ton avis aidera les autres lecteurs potentiels à savoir si mon livre est pour eux. Cela m'aidera aussi à toucher plus de lecteurs en améliorant la visibilité de mon livre.

À propos de Martin Meadows

Martin Meadows est le nom de plume d'un auteur qui a dédié sa vie au développement personnel. Il se réinvente constamment en faisant des changements radicaux dans sa vie.

Au cours des années, il a fait des jeûnes de plus de 40 heures, appris deux langues étrangères tout seul, perdu plus de 13,6 kilos en 12 semaines, géré plusieurs entreprises dans des industries variées, pris des douches et des bains glacés, vécu sur une petite île tropicale dans un pays étranger pendant plusieurs mois, et écrit un roman d'histoires courtes de 400 pages en l'espace d'un mois.

Pourtant, l'auto-torture n'est pas sa passion. Martin aime tester ses limites pour découvrir jusqu'où va sa zone de confort.

Ses découvertes (basées sur son expérience personnelle et sur des études scientifiques) l'aident à améliorer sa vie. Si tu veux repousser tes limites et apprendre comment devenir la meilleure version de toi-même, tu adoreras les œuvres de Martin.

Tu peux lire ses livres ici :

http://www.amazon.fr/-/e/B00U97LQGG

Traduit de l'anglais par Marie-Alice Baker.

 L'auteur apprécie énormément que tu prennes le temps de lire son œuvre. Essaye de prendre le temps de considérer lui laisser un avis là où tu as acheté le livre, ou d'en parler à tes amis, pour nous aider à faire passer le message. Nous te remercions de soutenir notre travail.

[1] Duckworth A., Peterson C., Matthews M. D., Kelly D. R., "Grit: Perseverance and Passion for Long-Term Goals." *Journal of Personality and Social Psychology* 2007; 92 (6): 1087–101.
[2] Godin S., *The Dip : The Extraordinary Benefits of Knowing When to Quit (and When to Stick)*, 2011.
[3] Arkes H. R., Ayton P. "The sunk cost and Concorde effects : Are humans less rational than lower animals" *Psychological Bulletin* 1999; 125 (5): 591–600.
[4] Koch R., *Living the 80/20 Way, New Edition: Work Less, Worry Less, Succeed More, Enjoy More*, 2011.
[5] King S., *On Writing: A Memoir of the Craft*, 2000.
[6] http://lifehacker.com/281626/jerry-seinfelds-productivity-secret, Internet. 25 février 2015.
[7] Crust L., Clough P. J., "Developing Mental Toughness: From Research to Practice." *Journal of Sport Psychology in Action* 2011; 2 (1).
[8] Ross E., Goodall S., Stevens A., Harris I. "Time Course of Neuromuscular Changes during Running in Well-Trained Subjects." *Medicine & Science in Sports & Exercise* 2010; 42 (6): 1184–1190.
[9] Dienstbier R. A. "Arousal and physiological toughness: Implications for mental and physical health". *Psychological Review* 1989; 96: 84–100.
[10] Dienstbier R. A., LaGuardia R. L., Wilcox N. S. "The relationship of temperament to tolerance of cold and heat: Beyond "cold hands-warm heart." *Motivation and Emotion* 1987, 11: 269–295.
[11] Dienstbier R. A. (1984). "The effect of exercise on personality". In M. L. Sachs & G. B. Buffone (Eds.), *Running as therapy: An integrated approach* (pp. 253–272). Lincoln: University of Nebraska Press.
[12] http://www.leangains.com/2010/10/top-ten-fasting-myths-debunked.html est un excellent endroit pour commencer si tu veux en savoir plus sur les mythes associés au jeûne.
[13] Tang Y. Y., Lu Q., Geng X., Stein E. A., Yang Y., Posner M. I. (2010). "Short-term meditation induces white matter changes

in the anterior cingulate." *Proceedings of the National Academy of Sciences* 2010; 107 (35): 15649–52.
[14] https://nccih.nih.gov/health/meditation/overview.htm, Internet. 26 février 2015.
[15]http://www.inc.com/oscar-raymundo/richard-branson-advice-entrepreneurs-thank-me-for-the-most.html, Internet. 25 février 2015.
[16] Westman M., Etzion D., "The impact of vacation and job stress on burnout and absenteeism." *Psychology & Health* 2001; 16 (5).
[17] Mah C. D., Mah K. E., Kezirian E. J., Dement W. C., "The effects of sleep extension on the athletic performance of collegiate basketball players." *Sleep* 2011; 34 (7): 943–50.
[18] Oaten M., Cheng K. "Academic Examination Stress Impairs Self–Control." *Journal of Social and Clinical Psychology* 2005 ; 24 (2) : 254–279.
[19] Signal T. L., Gander P. H., Howard A., Brash S., "Scheduled napping as a countermeasure to sleepiness in air traffic controllers." *Journal of Sleep Research* 2009 ; 18 (1) : 11–19.
[20] http://www.nytimes.com/2013/02/10/opinion/sunday/relax-youll-be-more-productive.html?pagewanted=all, Internet. 26 février 2015.
[21] Samuelson W., Zeckhauser R. "Status Quo Bias in Decision Making." *Journal of Risk and Uncertainty* 1988; 1: 7–59.
[22] Kahneman D., Tversky A. "Choices, Values, and Frames." *American Psychologist* 1984; 39 (4): 341–350.
[23] Kermer D. A., Driver-Linn E., Wilson T. D., Gilbert D. T. "Loss aversion is an affective forecasting error." *Psychological Science* 2006; 17 (8): 649−653.
[24] Nordgren L. F., van Harreveld F., van der Pligt J. "The restraint bias: how the illusion of self-restraint promotes impulsive behavior." *Psychological Science* 2009; 20 (12): 1523–8.
[25] Costa V. D., Tran V. L., Turchi J., Averbeck B. B. "Dopamine modulates novelty seeking behavior during decision making." *Behavioral Neuroscience* 2014; 128 (5): 556–66.

[26] Duckworth A. L., Peterson C., Matthews M. D., Kelly D. R., "Grit: Perseverance and Passion for Long-Term Goals." *Journal of Personality and Social Psychology* 2007; 92 (6): 1087–1101.
[27] Tugade M. M., Fredrickson B. L., Barrett L. F., "Psychological Resilience and Positive Emotional Granularity : Examining the Benefits of Positive Emotions on Coping and Health." *Journal of Personality* 2004; 72 (6): 1161–1190.
[28] Lewis M. B., Bowler P. J., "Botulinum toxin cosmetic therapy correlates with a more positive mood." *Journal of Cosmetic Dermatology* 2009; 8 (1).
[29]Emmons R. A., McCullough M. E., "Counting Blessings Versus Burdens: An Experimental Investigation of Gratitude and Subjective Well-Being in Daily Life." *Journal of Personality and Social Psychology* 2003; 84 (2): 377–389.
[30] Seligman M. E., Steen T. A., Park N., Peterson C., "Positive psychology progress: empirical validation of interventions." *The American Psychologist* 2005; 60 (5): 410–21.
[31]Pour plus d'informations sur la psychologie positive, lis : Seligman M. E. P., *Learned Optimism : How to Change Your Mind and Your Life*, 2006.
[32] Ashraf N., Karlan D., Yin W., "Tying Odysseus to the Mast: Evidence from a Commitment Savings Product in the Philippines." *Quarterly Journal of Economics* 2006; 121 (2): 635–672.
[33] Irwin B. C., Scorniaenchi J., Kerr N. L., Eisenmann J. C., Feltz D. L. "Aerobic exercise is promoted when individual performance affects the group: a test of the Kohler motivation gain effect." *Annals of Behavioral Medicine: a Publication of the Society of Behavioral Medicine* 2012; 44 (2): 151–9.
[34] Feltz D. L., Irwin B., Kerr N. "Two-player partnered exergame for obesity prevention: using discrepancy in players' abilities as a strategy to motivate physical activity." *Journal of Diabetes Science and Technology* 2012; 6 (4): 820–7.
[35] Hamilton R. A., Scott D., MacDougall M. P. "Assessing the effectiveness of self-talk interventions on endurance

performance". *Journal of Applied Sport Psychology* 2007; 19: 226–239.
[36] Polivy J., Herman C. P. (2002). "If at first you don't succeed: False hopes of self-change." *American Psychologist* 2002; 57 (9): 677–689.
[37] Pham L. B., Taylor S. E. "From Thought to Action: Effects of Process-Versus Outcome-Based Mental Simulations on Performance." *Personality and Social Psychology Bulletin* 1999; 25 (2): 250–260.
[38] Armor D. A., Taylor S. E., "The Effects of Mindset on Behavior: Self-Regulation in Deliberative and Implemental Frames of Mind." *Personality and Social Psychology Bulletin* 2003; 29 (1): 86–95.
[39] Hall E. G., Erffmeyer E. S., "The effect of visuo-motor behavior rehearsal with videotaped modeling on free throw accuracy of intercollegiate female basketball players." *Journal of Sport Psychology* 1983; 5 (3): 343–346.
[40] Vasquez N. A., Buehler R., "Seeing Future Success: Does Imagery Perspective Influence Achievement Motivation?" *Personality and Social Psychology Bulletin* 2007; 33 (10): 1392–1405.
[41] Lis le livre de Will Bowen "A Complaint Free World : How to Stop Complaining and Start Enjoying the Life You Always Wanted" pour plus de renseignements sur cette expérimentation.
[42] Blake T., *Three Simple Steps: A Map to Success in Business and Life*, 2012.
[43] http://fortune.com/2012/08/09/colleagues-complaining-why-you-need-to-tune-it-out/, Internet. 27 février 2015.

29409738R00076

Printed in Great Britain
by Amazon